영혼의 친구, 부부

폴 스티븐스 | 강선규 옮김

IVP

IVP(InterVarsity Press)는
캠퍼스와 세상 속의 하나님 나라 운동을 지향하는
IVF(InterVarsity Christian Fellowship)의 출판부로
생각하는 그리스도인을 위한 문서 운동을 실천합니다.

Marriage Spirituality
Copyright © 1989 by Paul Stevens
Translated by permission of InterVarsity Press
P. O. Box 1400, Downers Grove, IL 60515, U. S. A.
All rights reserved.

Korean Edition © 2003 by Korea InterVarsity Press
156-10 Donggyo-ro, Mapo-gu, Seoul 04031, Republic of Korea

Marriage Spirituality

Ten Disciplines for Couples Who Love God

Paul Stevens

나의 영적 동반자

게일에게

차례

추천의 글   8
서문   13
여정을 시작하며   17
1. 기도 특별한 친밀함을 나누기   33
2. 대화 귀기울여 마음을 듣기   53
3. 안식 함께 하는 천국 놀이   77
4. 피정 고독을 공유하기   103
5. 공부 함께 하나님의 말씀을 듣기   123
6. 봉사 사역에서의 온전한 파트너십   139
7. 성적 금욕 아무도 원하지 않는 훈련   163
8. 순종 함께 하나님의 뜻을 행하기   181
9. 고백 그리고 용서라는 수술   201
10. 상호 복종 저주를 뒤집기   223
주   244

추천의 글

책을 읽는 즐거움은 여러 가지다. 그 중 하나는 내가 생각하고 있던 바를 책 속에서 발견했을 때다. 저자와 생각이 일치하는 경험은 그야말로 큰 즐거움이다. 또 하나는 책을 통해 기존의 고정 관념이 깨지게 되었을 때 느끼는 희열이다. 이런 경험은 우리에게 좋은 성숙의 기회가 된다. 결혼 생활의 영성을 다루는 이 책 「영혼의 친구, 부부」 역시 그런 기대를 저버리지 않은 경우다.

영성 하면 우리는 묵상하고 있는 고독한 수도사를 먼저 떠올린다. 아니면 로렌스 형제의 부엌, 혹은 아무도 없는 교회당에 앉아 기도하는 모습이 떠오를지도 모르겠다. 그래서인지 매우 현실적인 부부 관계에서 영성을 찾을 수 있으리라고는 기대하기 어려운 것 같다. 부부간에 오가는 영적 대화라고는 주일 설교에 대한 비평이 전부가 아닐까.

잡다한 일상사, 서로를 지나치게 잘 아는 아내와 남편, 부부 싸움과 화해의 반복, 해결되지 않은 문제들, 친밀함에 대한 두려움 등은 결혼 생활에서 영성을 발견하기 힘든 충분한 이유인 것처럼 보인다. 그러나 그것은 사실이 아니다. 폴 스티븐스는 바로 이러한 현실 속에서 부부가 영적 훈련을 통해 하나님께 더 가까이 나아갈 수 있다고 주장한다. 부부는 진정한 '영혼의 친구'이기 때문이다.

대부분의 사람들은 가정 밖에서 우정을 찾으려는 경향이 있다. 하지만 부부처럼 좋은 우정을 맺을 수 있는 관계는 흔치 않다. 부부는 서로를 너무나 잘 알며, 같은 공간에서 많은 시간을 함께 보낸다. 또한 우정이 깨질 만한 상황에서도 둘을 하나로 묶어 주는 언약의 영원성이 이들에게는 있다. 저자에 의하면 이렇게 맺어진 결혼 생활의 목표는 공동으로 십자가를 지는 제사장이 되는 일이다. 가장 먼저 하나님을 추구하며, 매일매일을 하나님께 드리는 것이다. 본서에는 이러한 목표를 위해 부부가 함께 할 수 있는 10가지 영적 훈련이 잘 제시되어 있다. 어떤 책에 비해서도 신학적 배경이 탄탄하고 실천할 수 있는 매뉴얼까지 제공하고 있어 그 반가움이 더욱 크다.

앞으로 주5일 근무제가 점차 확산되면 부부 관계에도 여러 변화가 일어날 것이다. 역설적이지만, 여가 시간이 늘면서 부부 갈등의 골이 더 깊어질 가능성도 있다. 부부 문화가 제대로 성숙하지 못한 채 함께하는 시간만 많아진다면 불행의 화약고가 될지도 모를 일이니 말이다. 하지만 반대로 영적 우정을 풍성하게 나누는 부부에게는 여유 시간이 결혼 관계를 리모델링할 수 있는 행복 발전소가 되기도 할 것이다. 라이프 스타일이 급속히 변화하고 어느새 이혼율이 50%에 육박하는 현실 속에서 오랜 세월 가정 문제로 씨름해 온 나로서는, 이 책 덕분에 '행복으로 나아가는 길'을 제시해야 할 무거운 짐을 좀 덜게 된 셈이다.

내가 이 책에서 찾은 것은 가능성과 기대이다. 부부 관계는 하나님의 의도대로 영적인 관계가 될 수 있으며, 이러한 부부의 영적 동반자 관계는 그 어떤 관계나 사역보다 삶의 현장에서 강력한 영성을 발휘하고 열매를 맺을 수 있다고 믿는다. 이런 저런 부부 관계 세미나에는 잘 참석하지만 정작 부부끼리 단둘이 앉아서 진지하게 대화하며 기도하기가 쑥스러운 부부에게 이 책을 권한다. 둘이 손을 잡고 이 책을 함께 읽으며 가정이야말로 하나님이 주신 축복의 장소임을 경험하게 될 것이다. 교회 내의 남선교회나 여선교회의 성경 공부 필독서로 또는 부부 주말 모임이나 제자 훈련을 위한 특별 교재로 쓰인다면 그 가치가 더욱 빛날 것이다.

송길원 목사
하이패밀리(Hi Family) 대표
숭실대학교 기독교학대학원 겸임 교수

감사의 말

이 책의 초고를 읽고 더욱 정교하게 다듬는 데 도움을 준 사람들에게 감사한다. 로베르타 헤스테네스, 마이클 모들린(이 책의 편집자), 게리 쇼버그, 토니와 카렌 브래드포드 부부 그리고 '지역 교회에서 튼튼한 부부 관계 세우기'라는 제목의 내 강의를 들은 학생들에게.

두 사람이 한 사람보다 나음은

저희가 수고함으로 좋은 상을 얻을 것임이라.

혹시 저희가 넘어지면

하나가 그 동무를 붙들어 일으키려니와

홀로 있어 넘어지고

붙들어 일으킬 자가 없는 자에게는 화가 있으리라.

두 사람이 함께 누우면 따뜻하거니와

한 사람이면 어찌 따뜻하랴.

한 사람이면 패하겠거니와

두 사람이면 능히 당하나니

삼겹 줄은 쉽게 끊어지지 아니하느니라.

전도서 4:9-12

서문

많은 사람들이 오랫동안 필요로 했던, 결혼 생활에서의 영성을 다루는 이 책을 환영하고 기쁘게 생각한다. 남편 존과 내가 처음 결혼했을 때, 우리는 그리스도를 우리 삶의 중심에 모시고 사는 데 도움이 되는 자료들을 찾아보았다. 그러나 우리 부부에게 도움이 되는 글들은 거의 찾을 수가 없었다. 30년 간의 결혼 생활 동안, 함께 기도하고 영적인 동반자로 함께 살아가기를 배우고자 하는 그리스도인 부부들이 직면하게 되는 문제와 도전들을 정직하게 다루는 설교나 자료들이 좀처럼 없다는 것이 놀라울 정도였다. 결혼 생활에서 대화 기술을 향상시키는 방법, 갈등을 처리하는 법, 중년의 위기를 다루는 법, 심지어는 성적인 문제를 다루는 책들에서조차, 그리스도인 부부가 함께하는 삶의 영적인 차원에 대해서는 아주 간략한 조언을 하는 데 그치고 마는 것이 보통이다.

나는 무엇을 어떻게 해야 할지 잘 모르는 부부는 우리밖에 없는 모양이라고 생각했다. 그러나 이제는 대다수는 아니라 할지라도 많은 그리스도인 부부들이 그들의 영적 생활과 결혼 생활의 관계에 대해 어느 정도 모호함과 혼란을 겪고 있다는 것을 알고 있다. 이것은 수많은 결혼 관계들이 좌절과 갈등을 겪는 원인이 된다. 이것은 거의 논의되지 않는 주제이지만, 건강한 그리스도인의 결혼 생활에서 아주 중요한 문제다.

그리스도인이 결혼을 했다는 것은 무엇을 의미하는가? 진정으로 남편과 아내는 서로에게 영적인 동반자가 될 수 있을까? 그리스도를 중심으로 한 결혼 생활을 이루는 데 도움이 되는 영적 훈련이 있을까? 성찰과 행함의 위치는 무엇일까?

오랫동안 우리가 지속적으로 마주해 온 한 가지 유혹은, 기독교적인 활동을 그리스도인이라는 우리의 정체성과 헌신의 중심에 둠으로써 우리 믿음을 실천하려는 것이었다. 교회 활동을 비롯하여 다른 형태의 기독교적 연구와 봉사 활동에 참여하는 것은 중요하다. 그러나 그것이 부부로서 함께 하나님을 사랑하고 경배해야 할 우리의 필요를 대체할 수는 없다.

이제 폴 스티븐스는 삶에서 가장 중요한 이 측면에 대해 우리에게 실제적인 도움을 주고 있다. 그와 게일은 여기에 쓰인 대로 실제로 살아 내고 있는 부부다. 그들은 그리스도에게뿐만 아니라 서로에게 그리스도 안에서 아름답게 헌신하고 있다. 그들은 솔직하고 사려 깊게 많은 사람들을 돕고 있다. 이 책이 모든 질문에 해답을 줄 수는 없으며 어떤 책도 그렇게 할 수는 없을 것이다. 그러나 이 책은 결혼 생활에서 그리스도인의 제자도를 실천하는 데 진지한 관심을 가진 사람들에게 아주 유익한 자료이다. 기쁘게 이 책을 추천한다. 즐거운 여정이 되시길!

로베르타 헤스테네스(Roberta Hestenes)
전 이스턴 대학(Eastern College) 학장
세인트 데이비스, 펜실베니아

여정을 시작하며

영적인 우정에 대한 글을 쓰려고 하는 지금 아내 게일은 내 무릎을 베고 잠들어 있다. 나는 게일과 내가 결혼 생활 동안 쌓아 온 우정, 그리고 서로를 영적으로 알아가는 과정에서 마주친 도전과 보상들에 대해 생각하고 있는 중이다. 우리는 지금 결혼 25주년 기념일을 맞아, 그리스의 여러 섬들을 돌며 항해 중인 배의 상단 갑판에 있다. 원고가 내 오른쪽 다리 위에 있어서, 아내가 깨지 않게 그녀의 머리 주위에서 조심조심 손을 놀려 글을 쓴다는 것이 여간 힘든 게 아니다.

결혼은 이런 것이다. 좀더 중요한 것들로부터 끊임없이 관심이 분산되는 것 말이다. 결혼 생활은 당신의 영적인 삶을 쑥대밭으로 만들어 버릴 수도 있다. 많은 부부들은 그들이 결혼하기 전에 그리스도 안에서 서로에게 더 나은 동반자였다고 느낀다. 한 친구는 "내가 막 하나님과 가까워지고 있다고 느꼈을 때, 결혼 생활에서 일이 생겼어"라고 말한다. 다른 친구는 "기도회를 하고 기쁨에 넘쳐서 집에 돌아왔는데 아내가 화장실이 막혔다고 하지 뭐야"라며 불평한다. 피곤에 지친 어떤 주부는 한숨을 쉬며 말한다. "마지막으로 하나님의 선하심을 생각하면서 겨우 잠이 들려고 하는데, 그가 내게 손을 뻗어오잖아요. 나는 그게 무슨 뜻인지 안다구요!"

결혼 생활은 사생활이 침해되는 것, 또 한 사람의 죄인과 위험할 정도로 가까이 살아가는 것, 나를 사랑한다고 주장하지만 어떻게 사랑해야 하는지를 언제나 잘 아는 것은 아닌 한 사람의 간섭을 받는 것을 의미한다. 그러나 결혼 생활은 또한 매일, 하루 종일, 심지어 우리가 함께 있지 않을 때에도, 우리가 공유하는 모든 것들을 통해서 성례를 행하는 것을 의미한다. 물론 그것은 위험스런 일이다. 그러나 기쁨이 충만한 일이기도 하다.

영성에 관한 책도 많고, 결혼에 관한 책도 많이 있다. 이 책은 그 두 가지를 함께 다루는데, 그것은 결혼 자체가 하나님께 다가가는 독특한 통로이기 때문이다. 불행히도, 묵상하는 삶에 대해 글을 쓰는 사람들은 마치 모든 사람들이 독신의 길을 걸어가는 수도사라도 되는 것처럼, 그래서 세상으로부터 뒤로 물러서서 소위 하나님과의 "영적인 혼인"이라는 것을 즐기며 살아가는 것처럼 가정하는 경우가 많다. 그러나 우리는 여기서 다른 여로를 선택할 것이다. 이 책에서 우리는 결혼 생활을 **통해서** 하나님께 다가가는 가능성을 탐구해 가려고 한다.

"내 영적인 동반자가 되어 주겠어요?" 나는 조금 떨면서 게일에게 이렇게 물었다. 아주 낯선 사람을 선택했다면 더 수월했을 것이다. 이국적인 호텔에서 열리는 회의에 참석하여 욕조를 나누어 쓰게 된 그리스도인들이라면 서로 솔직하게 모든 것을 말할 수 있을 것이다. 회의가 끝나고 나면 다시 만날 일이 없을 테니까. 이런 요청을 친구에게 하더라도 역시 좀더 쉬울 것이다. 친구들은 여러 측면에서 나를 알고 있기에 속이기가 좀더 힘들기는 하지만, 그들이 내게 너무 많은 요구를 해 온다면 친구 관계에서 손을 뗄 수도 있다. 아내를 영적 동반자로 선택한다는 것은, 떠나는 것이 허락되지 않으며 나 자신이 알고 있는 것보다 나를 더 잘 아는 어떤 사람을 선택하는 것이다. 얼마나 두려운 일인가!

"하지만 나는 그렇게 영적이지 않은 걸요!" 게일이 이의를 제기했다. "나 역시 그래요!"라고 나도 대답했다. 그러나 우리는 둘 다 하나님에 대한 갈망이 있고, 좀더 깊은 관계에 대한 갈망이 있다는 것으로 충분하다는 결론을 내렸다. 우리는 충분히 **영적이다**.

장애물

우리에게 결혼 생활에 영적인 차원을 더하고자 하는 의지가 있음에도 불구하고, 영적인 우정에는 장애물들이 있다.

첫째로, **결혼 생활에는 처리해야 할 잡다한 일들이 너무 많다**. 청구서가 나오면 지불하거나 따져 보아야 하고, 아이들의 상처 난 무릎에 반창고를 붙여 주어야 하고, 고장난 자동차를 바꿔야 하며, 휴가를 계획하고 쓰레기도 버려야 한다. 함께 기도할 수 있는 시간이나 에너지를 어떻게 찾을 수 있겠는가?

둘째로, 결혼한 부부들은 서로를 **지나치게 잘 알아서** 문제가 된다. 소그룹 성경 공부 멤버들은 내가 새롭게 발견한 영적인 깨달음을 나눌 때 자극을 받기도 한다. 그러나 아내는 내 면도솔이 여전히 싱크대 위에 올려져 있고 잠옷은 마룻바닥에 떨어져 있다는 것을 알고 있다. 그녀가 나를 이렇게 잘 아는데, 내가 하는 어떤 말이 그녀에게 신선하게 느껴지겠는가?

셋째로, 우리에겐 **서로 죄를 짓고 용서하기를 반복해 온 역사**가 있다. 놀랄 것도 없이, 성경은 죄가 처음에 남녀 관계에서 나타났다고 단언한다. 배우자보다 더 심각한 상처를 줄 수 있는 사람은 없다. 그렇기 때문에 남편과 아내의 일상적인 예식은 이런 형태가 될 것이다. "당신에게 죄를 지었어요. 미안해요. 용서하세요." 이것은 우리 입에서 나오기 가장 어려운 말들이다. 같이 붙어 사는 죄인들이 어떻게 영적인 동반자가 될 수 있겠는가?

넷째로, 대부분의 부부들은 속에서 부글부글 끓어오르는 **해결되지 않은 문제들**을 안고 산다. 한편으로 아주 다르기도 하고 다른 한편으로 아주 비슷하기도 한 두 사람이 전혀 불화가 없이 함께 살아갈 수는 없다. 그는 돈을 아주 한심하게 써 버린다. 그녀는 섹스에 관심이 없어 보인다. 아이들 문제로도 서로 대립하게 된다. 그렇게 하루가 끝날 무렵에는 대화할 기운조차 남아 있지 않고, 냄비는 여전히 터질 듯이 끓고 있다. 내면의 영적 여정을 함께 시작하기 전에 모든 문제들이 다 해결될 때까지 기다렸으면 하는 유혹이 있다.

다섯째로, 우리는 **친밀함을 두려워한다**. 폴 투르니에(Paul Tournier)는 부부들이 숨바꼭질을 하는 이유를 이렇게 말한다. "그들은 대화가 더욱 진실해지면, 가장 민감한 상처, 곧 가까운 배우자로부터 가해지는 것이기 때문에 더 아프게 느껴지는 상처가 두려운 것이다."[1] 예를 들면, 아내 앞에서 상처받은 내 감정에 대해 기도한다고 할 때, 나는 내가 얼마나 솔직해져야만 하는지를 깨닫는다. 그것은 다른 보통의 대화, 즉 내가 설득할 수 있고, 영향을 미칠 수 있으며, 목소리를 조절할 능력이 있고, 자신을 합리화하거나, 내 감정을 변호할 수 있는 대화에서보다도 훨씬 더 솔직해져야만 하는 것이다. 그렇게 하지 않고, 온 마음을 살피시는 분 앞에서 내가 위장을 한다면, 나는 끔찍한 위선에 빠지는 것이다.

여섯째로, 결혼은 **복잡한 구조**를 가지고 있다. 당신 부부의 관계가 전통적인 남편과 아내의 위계 구조를 이루고 있든, 아니면 현대적인 상호 복종과 동료 관계의 모델을 취하든, 결혼한 그리스도인들은 그들 자신만이 아니라 하나님을 위해서도 남편과 아내를 구별해야 한다.[2] 우리는 이 생에서 바리케이드가 쳐진 에덴에서부터 아름다운 새 예루살렘에 이르기까지 여행을 계속해 가는데, 그 여정 중에 저주의 결과들을 맞닥뜨리게 된다(창 3:16-19). 모든 가정은 하나의 정치적인 현장이다. 남편은 지배하고, 아내는 반기를 들고, 아이들은 그 사이에서 곤경에 빠진다. 때로는 그 반대일 수도 있다. 남편이 자신을 아내를 인도하는 영적인 지도자로 생각하거나, 아내가 복종의 의미를 잘못 이해하여 남편에게 가정의 영적인 머리가 될 것을 요구한다면 특히 더 어렵다. 권위주의적 위계 질서는 그 개념에 영적인 리더십이 더해지지 않으면 아주 곤란해진다. 앞으로 살펴보겠지만, 다행히도 영적인 우정은 독재와는 상관이 없다.

현실의 영성

결혼 생활의 영성을 개발하는 데 방해가 되는 각각의 장애물들은 알고 보면 우리 배우자를 영적 동반자로 선택할 충분한 이유가 된다.

결혼 생활에는 **처리해야 할 일들이 너무 많다**. 그러나 그것은 우리 영성이 예수님이 의도하셨던 바로 그것, 즉 삶 전체와 관련된 것이어야 함을 의미한다. 예수님은, 눈이 밝으면 온 몸이 밝을 것이고, 하나님을 위한 삶을 살게 될 것이라 말씀하셨다(눅 11:34-36). 해결해야 할 일들은 많을수록 더 좋다. 그것은 우리가 종교적이 되지 않도록 해줄 것이다. 하나님은 우리가 잔디를 깎고 화장실을 청소하는 일들을 포함하는 영성, 교회에 있을 때만이 아니라 일하거나 휴가 중에 있을 때도 따라다니는 영성을 소유하기를 원하신다.

너무 잘 안다는 것은 실제로 그렇다기보다는 생각에 지나지 않는 것일 수 있다. 어떻게 배우자를 너무 잘 알 수가 있는가?

성숙한 결혼 관계에서도 부부는 여전히 상대방에 대하여 기본적인 것을 배워 가고 있다. 영적 동반자는 스스로 편집하지 않은 우리의 삶—바로 배우자가 잘 알고 있는—을 보여 줄 수 있는 사람이다. 서로 잘 안다는 것은, 상투적인 말이나 농담 뒤로 숨는 것을 허용하지 않고 삶의 깊숙한 곳까지 관통하는 진정한 영성을 개발하도록 해준다.

영적인 우정은 삶의 막간이 아니라 본 드라마의 일부분이다. 이 드라마의 배우들은 **죄인들**, 즉 아담과 하와처럼 자신이 벌거벗었다는 사실을 숨기려 하는 사람들이다. 그들의 죄와 벌거벗었음은 에덴 동산에서 드러났다. 그러나 심판자는 아담이나 하와가 아니라 하나님이셨다. 하나님은 그들이 스스로를 가렸던 무화과 나뭇잎을 벗기시고 '가죽 옷'을 지어 입히셨다(창 3:21). 마찬가지로 오늘날도 하나님은 스스로 옳은 체하는 우리의 변명들을 벗겨 내시고 용서의 망토를 입혀 주신다. 이것이 진정한 친밀함의 기초이다. 어느 누구도 우리의 배우자보다 더 정확하게, 더 도움이 되게 그리고 더 애정을 담아 진실을 말해 줄 수는 없다.

결혼 생활이 언제나 허니문일 수는 없다. 그렇다고 지루하고 고달픈 여행이어야 하는 것도 아니다. 영적인 우정은 **해결되지 않은 문제들**을 풀어 가는 데 도움을 준다. 또 그 문제들을 지금 해결할 수는 없다고 해도, 응답되지 않는 기도처럼, 고통이라는 수수께끼처럼, 적어도 믿음으로 견뎌 낼 수는 있다. 믿음으로 우리는, 우리가 영원히 함께하는 결혼을 했다는 것을 확신하고, 해결 방법을 알지 못하는 문제들을 그냥 묻어 버리지 않을 수 있다. 그러므로 영적인 우정은 소망과 친밀함을 고무시킨다.

우리가 **친밀함을 두려워하는** 이유는 그것이 고통스러울 수도 있다는 이유 때문이다. 그러나 서로 안전하고 편안한 거리를 유지할 때 찾아오는 외로움은 더욱 고통스럽다. 헨리 나우웬(Henry Nouwen)이 말하는 것처럼, 영적 생활의 진전은 욕심 많은 외로움으로부터 만족스러운 고독감으로, 적대로부터 환대로 나아가는 것이다.[3] 결혼 생활은 하나님에게 나아가는 우리의 여정과 병행하는 길일 뿐 아니라, 그 여정의 중요한 길 가운데 하나이기도 하다. 배우자에게 우리 인생의 공허함을 채워 달라고 요구하기를 멈출 때, 우리는 진정으로 자유롭게 그들과 함께할 수 있게 된다. 그리고 배우자에 대한 적대감은 마음으로 그들을 환대하는 은사로 변화되어, 우리 마음은 이제 그들을 부담 없이 받아들일 수 있다. 외로움과 적대감이 변하여 친밀함이 자라나는 것이다.

결혼은 **복잡한 구조**를 가지고 있다. 그리스도를 따른다고 해서 가정에서 저절로 정치적인 역학 관계가 제거되는 것은 아니지만, 다른 정황이 조성될 수는 있다. 전통적인 위계적 사고를 가진 남편이라 하더라도, 그리스도가 교회를 섬긴 것같이 아내를 섬긴다면 그는 '안전한' 영적 동반자이다(엡 5:25). 자기의 발을 씻어 주고 죽기까지 자신을 사랑하는 남편이라면 그 권력을 걱정하는 아내는 없을 것이다.

실제적인 성례

나는 당신에게 명백히 성스러운 곳에서 하나님을 찾는 대신에, 가정에서 그분을 추구하기를 권한다. 결혼은 영적인 삶에 부양, 치유, 성장이라는 세 가지 선물을 제공해 줌으로써 영적 부흥의 원천이 된다.[4] 부흥 운동에는 결혼 생활에도 부흥을 일으키려는 노력이 있지만, 그리스도인의 결혼 생활 자체가 부흥의 원천이 될 수도 있다는 인식은 거의 하지 못한다.

인생을 성례전적인 것으로 보게 되면, 우리는 실제적인 현실의 정황에서 삶의 부양(sustenance)과 같은 영적인 은혜를 경험할 수 있다. 내 스웨터를 예로 들어 보자. 게일은 그녀를 필요로 하는 다른 사람들로부터 살짝 빼낸 시간, 바쁜 스케줄에서 짜낸 시간에 나를 위한 멋진 붉은 스웨터를 떴다. 그런데 내가 실수로 그만 그 스웨터를 회의장에 놓고 와 버렸다. 그 곳에 연락을 취했을 때는 이미 그것을 가난한 사람에게 주어 버린 뒤였다. 그 옷을 가져간 어떤 행운아는 자신이 거룩한 것을 입고 있다는 것을 알지 못했을 것이다. 게일은 한 마디 말 없이 앉아서 처음 것과 똑같은 스웨터를 다시 떠 주었다. 그러나 그 스웨터는 한 코 한 코가 "정말로 당신을 사랑해요"라는 말을 전하고 있는 것이었다. 이러한 행동을 통해서 그리고 내 가장 가깝고 사랑스러운 이웃을 통해서 하나님은 그분의 사랑을 가장 직접적으로 내게 보여 주신다. **부양**은 결혼 생활에서 쉼터와 먹을 것, 심리적이고 감성적인 지원을 서로 제공하는 것을 통하여 매일매일 허락하시는 하나님의 선물이다.

치유는 상호 용납과 교제를 통해서 염려와 두려움이 사라질 때 얻을 수 있다. 일상에서 서로 섬기는 것은 이내 당연한 것으로 여겨질 수 있지만, 스트레스를 받는 시기는 종종 그러한 섬김이 순전한 은혜의 수단이라는 것을 드러내 준다. 예를 들면, 내가 처음 목수 일을 시작한 첫날 내 스트레스 지수는 마구 올라갔다. 나는 젊은 친구들을 따라갈 수가 없었다. 망치로 엄지손가락을 때리는가 하면, 마루청의 장선을 따라 걷다가 다리가 미끄러져 넘어졌다! 그러나 그날 밤 집에 돌아왔을 때, 게일은 따뜻하고 맛있는 음식을 마련하고, 격려의 말을 해주었으며, 내 말을 경청해 줌으로써 나를 섬겨 주었다. 그 날 저녁 우리가 서로 팔에 기대어 소파에 쓰러졌을 때, 나는 용납과 동반자적 관계를 통한 영적인 은혜로 새로워졌다. 구약 성경의 전도자는 "붙들어 일으킬 자가 없는 자에게는 화가 있으리라"(전 4:10)고 말한다. 하나님이 이보다 더 직접적인 방법으로 나의 필요를 채우실 수 있었을까? 전도자가 "삼겹 줄은 쉽게 끊어지지 아니하느니라"(전 4:12)고 이야기했을 때, 아마 그는 혼인 언약 안에서 하나님의 성례적 임재를 묵상하고 있었을 것이다.

성장은, 당신이 피해서 도저히 숨을 수가 없는 어떤 사람의 삶에 당신의 인생을 적응시키는 훈련을 통해서 이루어진다. 나는 게일이 거의 무조건적으로 나를 사랑한다는 것을 알고 있다. 그렇기 때문에, 그녀가 나에게 정면으로 대립해 오는 경우에도 나를 거부하는 것이 아니라 성숙의 기회를 주는 것이라는 것을 알고, 그녀가 내게 하는 가장 혹독한 말들까지도 신뢰할 수 있다. 내가, 기회나 사역들이 다른 사람에게 넘어간 것을 때로 공적으로는 지지하면서도, 내심으로는 주저하면서 포기하기 힘들어한다는 사실을 아내는 잘 알고 있다. 그녀는 "당신은 동료들에게 이중적인 메시지를 보내고 있는 것 같아요. 당신이 그 일을 하고 있지 않다는 사실 때문에 마음이 상한다고 말하면서, 동시에 다른 누군가가 그 일을 하기 원한다고 말하고 있어요. 이럴 때 나는 당신을 어떻게 격려해야 할지 모르겠어요"라고 말한다. 게일이 이런 방식으로 내게 맞설 때에는 성장의 기회를 주고 있는 것이다. 그것은 하나님이 내가 성숙하도록 도우시는 직접적인 방법의 하나, 즉 아주 현실적인 상황을 통해 매개된 영적인 은혜이다.

결국 결혼 생활은 그리스도인의 인격을 다듬는 학교가 되는데, 그것은 지극히 현실적인 동시에 지극히 거룩한 학교이다. 그것은 하나님을 발견하는 장소이다. 18세기의 작가 윌리엄 로우(William Law)는 "성경 어디를 살펴봐도 공적 예배에 대한 명령은 없다.…반면에 성경의 거의 모든 구절에서 우리 생활의 일상적인 행동들을 규율하는 신앙심과 헌신을 발견할 수 있다"[5]고 말했다. 우리의 결혼 서약은 현실적인 선언이다. 좋을 때나 나쁠 때나, 부유할 때나 가난할 때나, 아플 때나 건강할 때나, 죽음이 우리를 갈라놓을 때까지.

하나님은 인간적이고, 거칠고, 육신적이고, 상처받기 쉽고, 고통스럽고, 문제가 많고, 지독히 힘겨운 결혼 생활 가운데 특별히 함께하신다. 또한 하나님은 넘치는 기쁨과 깊은 교제의 순간에도 함께하신다―이러한 순간들을 더욱 깊이 있고 신성하게 하시면서. 돌로레스 렉키(Dolores Leckey)는 우리 삶의 모든 부분 중에서 가장 세속적이라 할 수 있는 성교가 진실로 성례적인 사역이라고 주장한다. "성찬 예식에서 우리는 먹고 마실 신성한 떡과 포도주를 받는데, 그것은 영적인 양식을 공급하는 행위다. 결혼에서 성교는 일차적인(유일한 것은 분명 아니지만) 성례의 의식이다. 그것은 공적으로 두 사람이 결혼 서약을 하면서부터 시작된 서로 섬기는 사역의 확장이며 성취이다."[6] 모든 결혼한 그리스도인들은 자신의 배우자에게 성직자처럼 사역하도록 하나님으로부터 안수받은 것이다.

결혼 생활의 영성

결혼 생활의 영성은 생활 전반에서 그리스도의 은혜에 대한 응답으로 그분을 통하여 하나님과 우리의 관계를 발전시키려는 의지를 가지는 것이다.[7] 훈련은 인간이 하나님께 도달할 수 있는 영적 성취의 통로가 아니다. 오히려 그것은 우리를 찾으시는 하나님 아버지로부터 우리를 막고 있는 장벽들을 부수는 방법이다.

나는 이 책에서 부부가 협력하여 그 장벽들을 부수는 열 가지 방법을 제안한다. 아마 그 방법을 모두 사용할 부부들도 없겠지만, 그 방법들이 시도할 만한 가치가 있는지 판단하지 않은 채 시도해 볼 부부들 역시 없을 것이다. 이 훈련들은 모두 노력이 필요하다. 그것은 기도, 영적인 우정을 깊게 하는 대화 방법, 안식일 지키기(예배와 놀이의 훈련), 고독을 공유하는 피정, 함께 하나님의 말씀을 듣기 위한 공부, 사역에서 온전하게 협력하는 섬김, 성적 금욕(신약 성경에 유일하게 언급된 결혼 생활에서의 훈련), 순종(함께 하나님의 뜻을 행하기), 고백(정결케 하는 훈련), 그리고 상호 복종(곧 결혼 생활이 매일의 기도가 되게 하는 방법)들이다.

결혼 생활의 훈련은 "매주 화요일 밤에는 아이들을 재우고 나서 8시부터 9시까지 영적인 대화를 갖도록 합시다"와 같은 현실적인 헌신을 요구한다. 영적인 동반자가 배우자가 아니라면, 그러한 약속을 방해하는 것은 거의 없을 것이다. 하지만 결혼한 부부가 그리스도 안에서 삶을 나누려면 전화 코드를 뽑고, 아이들을 맡길 사람을 찾고, 때로는 선의의 모의를 할 필요가 있다. 그러나 이러한 노력이 이루어질 때, 부부는 그들이 하나님을 찾고 있는 것보다 하나님이 그들을 더욱 찾고 계신다는 것을 발견하게 된다.

이 책을 잘 사용하는 법

1. 이 책은 부부의 영적인 우정을 위한 10주간에 걸친 실험의 원칙으로 사용할 수 있다. 매주 한 시간을 떼어 놓고 일정표에 기입하라. 한 번에 한 장씩 읽고 토론하라. 각 장의 마지막 부분은 그 장에서 다루는 원리를 예시적으로 보여 주는 성경 속의 한 부부에 대한 성경 공부나 간단한 과제이다. 부부는 그 성경 구절을 읽고, 제시된 질문들을 대화와 묵상을 위한 지침으로 사용할 수 있다.

2. 이 책은 풍성한 결혼 생활을 위한 소그룹 연구 교재로 사용할 수 있다. 두세 부부가 일정 기간(10주)을 정해 매주 만나서 이 책을 교재로 사용할 수 있다. 여러분이 사람들을 초청할 때는, 이 그룹에서 어떤 일이 일어날 것인지에 대해서 미리 솔직하게 알려 주라. 어떤 사람들은 결혼 생활의 사적인 부분들이 드러나게 될 것 같은 모임을 매우 두려워한다. 그들이 원하지 않거나 배우자의 허락이 없는 사안에 대해서는 어떤 것도 나누지 않을 것이라는 점을 정직하게 이야기하도록 하라.

3. 교회에서는, 주일학교 수업이나 기독교 교육 프로그램의 성인 강좌에서 결혼 생활의 영적 우정에 대한 수업 교재로 이 책을 사용할 수 있을 것이다.

4. 부부들을 위한 주말 수련회에서, 결혼 생활에서 영적 우정을 풍성하게 하기 위한 지침서와 교재로 사용할 수 있다.

5. 이 책에 인용된 성경 구절이나 자료들을 사용하여 시리즈

설교를 할 수 있다.

이 책을 잘못 사용하는 법

부부 중 한 사람이 결혼에 관한 새로운 책을 읽고 흥분해서, 미리 짐작도 못하고 준비도 되어 있지 않으며 내키지도 않는 상대방에게 자신의 기대를 강요하는 경우가 종종 있다. 열정은 곧 식을 것이고, 결국 좌절한 배우자의 마음속에는 분노만 쌓이게 된다. 한편, '영적이지 않고' 이런 책의 필요를 전혀 느끼지도 못하는 다른 배우자는 이 책이 없었더라면 더 좋았을 것이라고 생각할 것이다. 이 책을 부부 중 한 사람만 읽는다면, 그 유익은 그 사람에게만 제한된다. 그러나 이 책은 결혼 생활의 무기가 아니라, 결혼 생활의 자원이 되고자 쓰인 것이다!

이제 결혼의 영성이 가지는 역학 관계를 탐구하고자 하는데, 영적인 삶에 대한 저자인 모튼 켈시(Morton Kelsey)가 보여 준 결혼 서약의 현실성과 가능성은 우리를 격려한다. "40여 년 동안 아내 바바라와 나는 각자 다른 여정을 걸어 왔습니다. 우리는 아주 다른 필요들과 습관들을 가지고 있습니다. 그 기간에 우리는, 매우 다른 두 사람이 각자의 여정을 공유할 수 있는 길을 발견했습니다."[8] 그 이상 소망할 것은 없을 것이다.

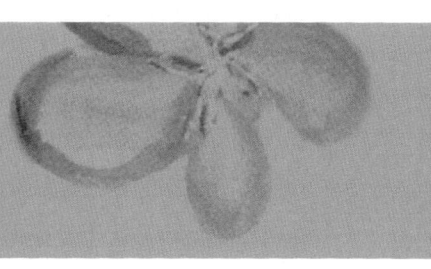

1

기도 특별한 친밀함을 나누기

드와이트 허비 스몰(Dwight Hervey Small)은, 침대 옆에서 무릎을 꿇고 기도하면서 결혼 생활을 시작하기로 결심했던 한 젊은 부부의 이야기를 들려 준다. 그것은 분명 좋은 생각이었다. 그런데 이 젊은 남편은 "저희들이 이제 막 결혼 생활을 시작하려 하는데 진실로 주님께 감사할 수 있도록 하옵소서"라고 기도했다. 물론 그 순간부터 함께 기도하는 것이 쉬워지기는커녕 더 어려워졌다.

배우자와 함께 기도하는 데는 두 가지 어려움이 있다. 각각 기도**할 때** 생기는 것과 기도하지 **않을 때** 생기는 것이다. 기도는 숨 쉬는 것만큼이나 자연스러워야 하는데, 결혼한 부부에게는 이것이 어려운 경우가 많다. 실제로 대부분의 부부는 결혼한 이후에 기도가 더 어려워졌다는 것을 깨닫고, 심지어 어떤 사람들은 결혼한 이후에 기도 생활이 죽어 버린 것 같다고 말하기조차 한다. 그러므로 기도하는 것이 어렵다고 느낀다면, 안심하라. 같은 처지의 사람들이 아주 많으니까.

기도하고 있다면

자주 또는 정기적으로 함께 기도하는 부부들이 문제에 부딪히게 되는 데는 그럴 만한 이유들이 있다.

기도는 인격적으로 무장을 해제하는 것이다. 그것은 정직한 행위이다. 결혼 생활에서는 그 관계의 총체성으로 인하여 이것이 특히 위협적이다.「기도하는 부부」(*Couples Praying*, 기도에 관한 책 중 부부를 대상으로 쓴, 내가 발견한 유일한 책이다)라는 책에서 진과 주디스 오브라이언(Gene and Judith Tate O'Brien)은 이렇게 말한다. "결혼에서 우리를 불안하게 하는 한 가지 문제는 우리의 정체가 드러난다는 점이다! 먼저, 배우자는 우리가 완벽하지 않다는 것을 알게 된다. 아침에 일어났을 때 그에게서 나는 입냄새에 숨이 멎을 것 같다. 우린 변덕스럽다. 인색하다. 가슴은 완전히 절벽이다. 단정하지도 못하다."[1] 다시 만날 일이 없는 사람들과 함께하는 단기간의 수련회에서는 아주 솔직해질 수 있다. 그러나 배우자가 있는 곳에서 하나님 앞에 완전히 솔직해지는 것은 위험이 따르는 일이다. 내 소망과 두려움, 비밀스러운 기쁨들, 고통스러운 기억들, 아주 가증스러운 매력으로 나를 사로잡았던 죄악들을 드러낼 수 있는가? 많은 부부들이 단지 적당한 선에서만 자신을 표현하고 마는 것은 이상한 일이 아니다. 약점을 드러내고서 치러야 할 대가는 너무 큰 것 같다.

부부 기도는 관계를 드러낸다. 우리 관계의 진정한 상태가 드러나게 될 것이다. 오브라이언 부부는, 주님의 임재 안에서 벌거벗었으나 부끄러워하지 않는 것의 의미를 가지고 씨름하는 한 부부의 이야기를 인용했다. "나 자신이 좋게 느껴지지 않을 때나 우리 사이에 긴장이 있을 때는 데이비드와 함께 기도하는 것이 어색하게 느껴집니다. 그럴 때면 나는 기도하기가 싫은데, 왜냐하면 내가 정직해져야만 하고 그러면 내 약점이 드러날 것이고 무언가 변화해야 할 것을 알기 때문이지요. 하지만 어찌 되었거나 보통 우리는 결국 기도하게 되는데, 그 이유는 무엇보다도 기도하지 않는 것이 싫기 때문이랍니다."[2]

영적 우정의 다른 차원들에서처럼, 기도는 평등, 상호 의존 그리고 나와 다른 어떤 사람에 대한 감사를 전제한다. 결혼 생활에서의 머리됨이 지배나 통제, 권력으로 해석되는 경우나, 아내의 복종이 단순히 명령에 따르는 추종이 되어 버리는 경우에는, 남편과 아내의 기도가 심각하게 방해를 받는다. 이런 경우 남편이 기도를 통하여 교묘하게 아내에게 설교를 하거나 아니면 아내가 그럴 수도 있다. 아내는 남편에게 부여된 것으로 여겨지는 우월성을 손상시키기 위한 한 가지 방법으로 그의 기도를 비난할 것이다.

함께 기도하는 것은 좋은 결혼 생활을 위한 **수단**이라기보다는 오히려 그 **결과**일 수 있다. 베드로가 나쁜 부부 관계는 기도를 방해할 수 있다고 말했을 때(벧전 3:7) 의미했던 것이 아마 이것일 것이다. 남편이 "사려 깊게"(KJV는 "지식을 따라". 한글 개역 성경도 KJV를 따르고 있다—역주) 아내와 동거하지 않을 때, 또는 아내가 남편의 온전함을 깎아 내릴 때, 부부 기도는 방해받게 될 것이다. 성경은 이러한 문제점을 지적하며, 경험은 이를 확인해 준다.

기도는 친밀함의 수준을 드러낸다. 친밀함은 소중히 여김을 받고, 중요하게 여겨지며, 안정감을 느낄 것을 요구하는 것이기 때문에 여성들은 때로 기도하기를 두려워한다. 소극적으로 말하면, 친밀함이란 거절을 두려워할 필요가 없으며, 실패나 배신을 두려워할 필요가 없다는 의미다. 이런 기본적인 환경 대신에 쓰라림과 무시, 의심이 자리잡고 있는 상황에서는, 여성들은 자신을 드러낼 수 없는 것이다.

남성들은 자신이 사랑받고 있지 않다거나, 이해받고 있지 않다거나, 존경받고 있지 않다고 느낄 때 친밀함을 두려워한다. 더불어 많은 남성들은 남성적인 방법으로 조절할 수 없을 것 같은 자신의 깊은 감정들에 직면하는 것을 두려워한다. 그들은 아내가 어떤 중요한 문제에서 자신의 기대를 충족시켜 주지 못했던 것 때문에 잠재적인 원망을 가지고 있을 수 있다. 또는, 죄책감으로 씨름하고 있을 수도 있는데, 특히 아내에게 고백하지 않은 죄가 있을 경우에 그렇다. 남편이나 아내 모두 친밀함에 대한 필요를 가정 밖의 동성끼리 모이는 기도 모임으로 전가시키고, 그럼으로써 결혼 생활 가운데서 친밀함의 필요를 채우고자 하는 의지를 포기해 버리는 것은 그리 놀랄 일이 아니다.

내 경우 아내 없이 혼자서 기도할 때는, 우리가 함께하는 생활의 실제적인 역학 관계를 다루지 않고 뒤로 미룰 수 있다. 때때로 나는 나 자신의 의로움을 합리화해 보려고 기도를 사용한다. 또는 다른 방식으로 나 자신을 정당화하기 위해서 개인 기도를 사용하기도 하는데, 그것은 자기 부정이라는 방식을 통해서다. "언제나 잘못을 하는 사람은 바로 나입니다"라고 기도하는 것이다. 이러한 비성경적인 의미의 자기 혐오는 내면에 자리하고 있는 오만함의 이면일 뿐이다. 그 중심에는 **내가** 있다. 그러나 나 자신을 정당화하거나 스스로 못박는 자학적인 말을 배우자가 있는 곳에서 하고 나면, 나는 즉시 무장 해제된다. 나는 대개 이러한 노출을 피하고 싶어한다.

기도는 영적인 전투다. 영적인 문제에는 여러 가지 원인들이 있다. 신체적 요인(질병, 피로, 영양 부족), 심리적 요인, 타락한 인간의 본성과 직접적인 사단의 공격 등이 그것이다. 리처드 러브레이스(Richard Lovelace)는 우리가 기도하지 못하도록 영향을 미치는 복잡한 인간 조건에 대해 다음과 같이 설명한다.

인간의 인격에 있는 죄의 구조는, 보통 그 단어가 주는 의미, 즉 고의로 불순종하는 개별적인 행동이나 생각들보다 훨씬 복잡한 것이다. 성경의 정의에 의하면, 죄는 범죄의 개별적인 사례나 유형으로 한정할 수 없는 것이다. 오히려 그것은 심리학 용어인 **콤플렉스**와 훨씬 더 유사하다. 그것은 우리가 하나님으로부터 소외되었다는 의식에 깊이 뿌리박힌 강박적인 태도, 믿음, 행동들이 유기적으로 연결된 망이다.[3]

바울은 우리가 하나님과 하나님 나라의 의를 추구할 때 끊임없이 따라다니는 인성의 비물질적인 차원을 설명하기 위해 **육신**(flesh)이라는 단어를 사용한다. 우리는 선한 것이 무엇인지 알지만, 그것을 행할 수 없다. 러브레이스는 이것을 강박적인 불신앙, 즉 "하나님과, 우리 자신, 그리고 타락한 세상에 대한 하나님의 관계와, 하나님의 구속 목적에 관한 우리들의 의도적인 무지"[4]라고 설명한다.

세상과 육신, 마귀는 모두 우리들의 결혼 생활에서 기도가 사라지도록 음모를 꾸민다. 그러니 기도가 어려운 것은 당연하다. 그런 것들이 우리가 기도하지 못하도록 하는 데 성공한다면, 우리는 또 다른 일련의 문제들에 직면하게 된다.

기도하지 않는다면
베스와 보브는 스푸찜 침례교회(Spuzzim Center Baptist)에서 만나서 그 교회에서 12년 전에 결혼했다.[5] 보브는 건설 회사에서 좋은 일자리를 가지고 있고, 베스는 지역 병원의 간호사이다. 두 사람 모두 주일학교 교사이며 성실하게 예배에 참석한다. 이웃들은 그들이 교회에 다니는 사람들이며 유치원에 다니는 두 자녀의 좋은 부모이고 행복한 결혼 생활을 하고 있는 부부라고 생각한다. 그러나 그들의 결혼 생활의 역학 관계에 새로운 요소가 끼어들었다.

베스는 린다의 집에서 이웃들끼리 모이는 성경 공부 모임에 초대받았다. 근무 일정 때문에 참석이 불규칙하기는 했지만, 베스는 부부가 교회 생활을 통해서 함께 발견해 왔던 것보다 매주 수요일 아침 12명 정도의 다른 여성들과 함께 그리스도를 훨씬 더 깊이 경험하게 되었다. 이 여성들은 가정과 자녀와 남편을 위해 진정으로 기도했다. 보브와도 이렇게 함께 기도할 수 있다면 좋을 것이다.

부부 중 한쪽은 함께 기도하기를 원하고 다른 쪽은 그렇지 않다면, 기대감의 충돌이 발생한다. 기도하기를 원하는 쪽은 마음이 내켜 하지 않는 쪽에게 미묘한 힌트를 수없이 주면서 압력을 넣고 조종하고 싶은 유혹이 들 수 있다. 다른 부부들과 비교하다가 두 사람 사이가 벌어질 수 있다. 톰과 린다가 매일 아침 자녀들이 일어나기 전 30분 동안 가족들을 위해 기도한다는 이야기를 들으면, 베스는 거룩한 갈망으로 흥분되지만 보브는 두려움을 느낄지도 모르는 일이다. 이런 일이 상당히 자주 일어나거나 결혼 생활의 무기로 사용된다면, 그것은 점차로 언급을 회피하게 되는 주제가 되어 버릴 수도 있다. 왜냐하면, 부부 기도와 같이 훌륭한 자산이 말다툼의 주제가 되는 것은 정말 끔찍한 일이기 때문이다. "원수가 이렇게 하였구나"(마 13:28)라는 말씀은 이런 경우에도 해당할 것이다.

그러나 마음이 내키지 않는 배우자를 위협해서 억지로 하게 만드는 것은 해결책이 아니다. 베드로가 아내들에게 충고한 말씀은 그들의 믿지 않는 남편들을 염두에 두고 한 것이었지만, 그리스도인 부부들도 서로 동일한 민감성을 보여 주어야 한다. 베드로는 "말로 말미암지 않고"(벧전 3:1) 배우자를 이기는 것에 대해 이야기했다. 설교를 하는 대신에, 믿는 배우자(이 경우에는 부부 기도의 가치를 믿는 배우자)는 애정을 담은 침묵으로, 철저한 존중과 창조적인 순종으로 상대방을 이겨야 한다. 배우자에 대해 기도하라. 배우자를 위하여 기도하라. 그러나 배우자를 기죽이지는 말라!

함께 기도하지 않는 부부는 귀중한 자산을 놓치는 것이다. 두 가지 약을 함께 사용하면 효과가 배가되듯이, 함께 하는 기도는 상승 효과를 가져온다. 오늘날 찜찜하게든 명쾌하게든 자신의 결혼 생활이 성공하리라고 자신할 수 있는 사람은 없다. 함께 하는 기도는 불화의 가능성을 감소시키는 한 가지 방법인데, 왜냐하면 남편과 아내 모두가 그들의 결혼 생활이라는 밧줄을 튼튼하게 만들 수 있는 세 번째 줄을 찾고 있기 때문이다(전 4:12).

함께 기도하지 않는 부부는 친밀함의 중요한 차원을 놓치고 있는 것이다. 2세기에 살았던 터툴리안(Tertullian)의 말은 그리스도 안에서 함께하는 삶이 얼마나 큰 복이 될 수 있는지를 다음과 같이 말해 준다.

교회가 준비해 주고, 성례를 통해 강화되고, 축복 기도가 보증하고, 천사들이 증인으로 함께하며, 하나님 아버지가 승낙하시는 결혼의 행복을 어떻게 말로 충분히 설명할 수 있겠는가? 세상에서조차 자녀들이 그 아버지의 허락 없이 정당하고 합법적으로 결혼할 수 없기 때문이다. 그러므로, 두 그리스도인, 소망에서 하나가 되고, 바라는 것에서 하나가 되고, 추구하는 삶의 방식에서 하나가 되고, 실천하는 믿음에서 하나가 된 두 사람의 결혼은 얼마나 아름다운가! 그들은 형제요 자매이며, 같은 주인을 섬기는 종들이다. 육으로나 영으로나 그들을 나눌 수 있는 것은 없다. 그들은 진실로 '둘이 한 몸'을 이루는 것이다. 그리고 이제 한 몸이 있는 곳에는 한 영만이 있다. 그들은 함께 기도하고, 함께 예배하고, 함께 금식한다. 서로 교훈하고, 서로 격려하며, 서로 강하게 한다. 그들은 더불어 하나님의 교회에 찾아가 하나님의 만찬에 참여한다. 그들은 함께 환난과 박해를 받으며 위로를 나눈다.…그들은 십자가의 성호를 그리는 데 눈치를 볼 필요가 없고, 믿음의 형제들을 문안하는 데 소심해질 필요가 없으며, 하나님의 복을 구하는 데 침묵할 필요가 없다.[6]

이 얼마나 강렬한 고백인가! 그러나 어떤 부부도 하루아침에, 또는 단 일주일이나 1년 만에 이러한 경지에 이를 수 없다는 점을 기억하는 것이 좋다. 결혼 생활에서 다른 차원의 친밀함들과 마찬가지로, 이것 또한 시간과 수고를 요구한다. 하지만 그럴 만한 가치가 있다.

기도하고 있든 아니든

함께 기도하는 것을 부부가 이미 논의해 왔거나, 아니면 이 책을 읽으면서 이 문제가 앞으로 논점이 될 것이라면, 마음에 새겨 둘 세 가지 성경적인 원칙이 있다.

성경은 배우자를 '위하여' 기도하는 것을 강조하지만 배우자와 '함께' 기도하는 것에 대해서는 언급하지 않는다. 우리는 믿는 사람들이 "서로 교제하며…기도하기를 전혀 힘쓸"(행 2:42) 때에, 여기에는 통성으로 기도하는 일도 포함되었으리라고 추측할 수 있다. 사도행전 4:23-30에서 분명 이런 일이 일어났다. 이 본문에는 아주 심오하고 사려 깊은 내용의 회중 기도가 기록되어 있는데 이것은 예식의 기도에 가까운 것을 생각하게 한다. 그러나 함께 기도하는 것에 대해 다루는 이러한 본문은 드물기도 하거니와 명확하게 설명되어 있지도 않다.

분명한 것은, 다른 신자들을 **위해서** 기도하라는 명령과 권유는 반복되고 있다는 것이다. 부부들이 더 많은 시간을 서로를 위해 기도하는 데 보낸다면, 그들이 실제로 **함께** 기도하고 있느냐 아니냐 하는 문제에 대해서는 훨씬 덜 염려하게 될 것이다. 이것은 그냥 '자연스럽게' 일어날 수 있는 일로, 마치 하루 동안 여러 형태의 애정을 나누다가 마지막으로 자연스럽게 육체적인 성관계를 갖는 것과 같다. 육체적인 관계와 마찬가지로, 이러한 영적인 교통은 수행해야 할 어떤 행동이라기보다는 관계로 말미암는 자연스러운 결과인 것이다.

바울은 에베소서에서 중보 기도의 훌륭한 모델을 보여 주는데, 이것은 우리 배우자를 위해 드리는 탁월한 기도문이 될 수 있다.

첫째로, 그는 하나님이 그들의 "마음 눈을 밝히사"(1:18) **하나님을 더 잘 알게 되기를** 기도한다.

둘째로, 그는 그들이 **"지식에 넘치는 하나님의 사랑을 알기를"** (3:18) 기도한다. 당신의 배우자에게는 당신의 사랑을 경험하는 것보다 하나님의 사랑을 경험하는 것이 더욱 중요하다. 우리는 사랑하고 사랑받아야 할 무한한 필요를 가지도록 지음을 받았는데, 이것은 오직 우리의 창조주 하나님만이 완전하게 만족시키실 수 있다. 당신 혼자서 배우자를 만족시킬 수도 없고, 당신의 배우자 혼자서 당신을 만족시킬 수도 없다.

셋째로, 그는 그들이 하나님 사랑의 "넓이와 길이와 높이와 깊이가 어떠함을 깨달아"(3:19), **하나님의 사랑을 더 위대한 차원에서 경험하기를** 기도한다. 당신은 배우자가 그들 삶의 모든 영역에서 하나님의 사랑이 그들을 통하여 회사 동료와 친척들과 대적들 그리고 그들이 마주치는 특정한 어두움의 세력들에게도 넘쳐 흐르도록 기도할 수 있다.

넷째로, 바울은 **그들이 하나님의 가족과의 관계를 경험적으로 알게 되기를** 기도한다. 에베소서 1:18은 그리스도의 "성도 안에서 그 기업의 영광"을 언급하는 놀라운 구절이다. 바울은 하나님이 상속해 주신 것이 그의 백성들이라는 놀라운 지적을 하고 있다. 우리는 하나님의 가장 소중한 재산이다. 하나님은 그의 백성들과 연결되어 있는 분이시고, 신자 개개인은 그리스도의 몸의 살아 있는 구성원이다. 어떤 사람도 혼자서 그리스도인일 수 없으며, 어떤 부부도 더 큰 그리스도의 몸과 분리될 수 없다. 두 사람만으로 구성된 교회에 대해 들어 본 사람이 있는가? 그리스도의 몸에 있어야 할 영적인 은사들 가운데 빠진 것이 있다는 것은 그다지 놀랄 일이 아니다. 그 몸과 분리된 부부는 그리스도 안에서의 성장은 물론이고, 은사 부여, 예배, 사역, 선교와 같은 교회의 충만한 삶을 경험할 수 없다. 우리는 배우자가 하나님의 백성들과 좋은 관계를 맺도록 기도해야 한다.

다섯째로, 바울은 그들이 예수님을 죽은 자들 가운데서 살리신 **하나님의 능력을 알게 되기를** 기도한다(엡 1:19-20). 에베소서의 맥락에서 권능을 구하는 기도는 놀라운 사역이라 할 만한 것들과만—방언, 치유나 기사, 통변, 환상과 같이 논쟁이 되는 은사들—관계가 있는 것은 아니다. 바울은 세속적인 생활 방식을 따라가지 않는 능력(2:11-22), 우리 생활과 문화에 범람하고 있는 세속적인 세력들에 대항하는 능력(3:8-10)을 강조하고 있다. 결혼 생활에서 서로 복종하기 위해서는 특별히 성령 충만을 받아야 한다(5:18, 21).

에베소서에 나오는 가장 위대한 기사와 이적은 아마 가정에서의 정치적 역학 관계를 제거하는 점일 것이다. 배우자에게 권능을 달라고 기도하는 것은, 그가 당신보다 더 큰 권능을 갖게 되지 않는 한에서는 매우 좋은 일인 것처럼 보인다. 몇몇 결혼 생활은 평등을 잘못 이해함으로 인해 영적으로 성장하지 못한다. 평등은 동일성이 아니다. 배우자가 자신의 고유한 방식대로 당신보다 영적으로 더 진보하는 것을 원하지 않는 것은 악한 일이다. 언젠가 어떤 여자가 "성숙한 남자는 그 아내의 성취를 기뻐한다"라고 말하는 것을 들은 적이 있다. 그 때 나는 그것이 다른 사람들을 위한 훌륭한 조언이라고 생각했다! 그러나 이내 그것이 바로 나를 위한 말임을 깨닫게 되었다. 게일은 우리 가족 중에 처음으로 이웃 전도 성경 공부에 참여하게 되었다. 그것은 그녀의 첫 번째 성취였다. 그 다음 그녀는 내적 치유 사역에 과감하게 뛰어들었다. 처음에 나는 협조하면서도 한편으로는 조심스러워했다. 아마도 약간 질투를 느꼈을 것이다. 그러나 기도를 통해 생각을 버리고 아내가 인내해 준 덕분에, 나는 곧 그녀의 또 다른 성취들에 대해 안심하고 즐거워할 수 있게 되었다.

그러므로 성경은 동료 신자와 **함께** 하는 기도보다는, 그들을

위하여 하는 기도에 강조를 둔다. 이 두 가지가 상호 배타적인 것은 아니지만, 굳이 하나를 선택해야 한다면 배우자를 위하여 기도하는 것으로 시작하라. 이것을 하기 위해서 다른 누군가의 허락은 필요하지 않다. 그러나 함께 기도하든지 그렇지 않든지, 한 가지 추가적인 성경적 원칙을 기억해야 한다.

성경은 **어떤 종류의 기도이든 모든 기도가 중요하다**고 가르친다. 기도하는 사람이 취하는 형식은 대부분 선택의 문제이다. 대화 형식으로 길게 하는 기도는 영적 발전을 가져올 수 있지만, 성경은 그에 대해서 아무것도 말하지 않는다. 사실상, 성경은 짧은 기도를 더 선호하는데, 이는 수세기에 걸쳐 주어진 영적 지침들의 방향과는 정반대 되는 것이다.

너는 하나님의 전에 들어갈 때에 네 발을 삼갈지어다. 가까이 하여 말씀을 듣는 것이 우매자의 제사 드리는 것보다 나으니 저희는 악을 행하면서도 깨닫지 못함이니라. 너는 하나님 앞에서 함부로 입을 열지 말며 급한 마음으로 말을 내지 말라. 하나님은 하늘에 계시고 너는 땅에 있음이니라. 그런즉 마땅히 말을 적게 할 것이라(전 5:1-2).

리처드 러브레이스는 예수님이 제자들에게 "이방인과 같이 중언 부언하지 말라"(마 6:7)고 권고하셨을 때 이 점을 염두에 두고 계셨을 것이라고 주장한다. 예수님은 "초신자나 연약한 신자들의 양심에 과도한 짐을 지우지 않는 것…그리고 기도의 기법보다는, 기도를 들으시고 응답하시는 하나님께 주의를 기울이는 것"에 관심을 가지셨다.[7] 어떤 청교도는 "간단하게, 자주 기도하는 것이 더 좋다"고 말하였다.[8] 진과 주디스 오브라이언 부부는 어느 부부의 다음과 같은 말을 인용한다. "많은 경우 우리 기도는 정말 반복되는 것 같다. 그러나 나는 우리 삶이 반복적이라는 것을 깨닫게 되었다."[9] 또한 리차드 러브레이스의 결론대로, "서투른 기도라도 기도하지 않는 것보다는 낫다." 부부 기도도 예외는 아니다. 하나님은 당신이 얼마나 잘 기도하느냐 하는 것보다는 당신이 현재 기도하고 있다는 것에 더 관심을 가지고 계신다. 혼자 하든 함께 하든, 예수님의 이름으로 기도하는 사람에게 **아무 일도** 일어나지 않을 수는 없다!

실천에 옮기기

당신과 당신의 배우자는 매일 저녁 잠들기 전이나, 하루를 시작하면서 주기도문을 같이 외우는 것부터 함께 기도하기를 시작할 수 있다(마 6:9-13). 더 간단한 것은 함께 소리내지 않고 기도하기로 약속하는 것이다. 다음과 같이 자연스럽게 말하면서 시작할 수 있다. "오늘 밤 잠들기 전에 그냥 같이 조용히 누워서 기도합시다." 즉흥적으로 기도하는 것에 익숙하지 않은 부부들에게는 기도문이 훌륭한 자료가 될 수 있다. 깊이 있고 통찰력 있는 이러한 기도문들은 종종 몇 마디의 짧은 기도를 직접 할 수 있도록 이끌어 줄 것이다. 대화체의 기도를 시작할 준비가 되었다고 느낄 수도 있다. 함께 기도하는 것을 망설이는 가장 큰 이유는 누군가가 듣는다는 것에 대한 두려움이다. 기도를 하면서 기꺼이 정직해지는 데는 믿음의 행동이 필요하다. 그러나 우리 하나님과 같은 분과 함께한다면, 잃을 것이 무엇이겠는가? 조용히 기도하거나, 한 문장으로 기도하거나, 간단한 기도문으로 기도하라. 할 수 있는 어떤 방법으로든 기도하라. 왜냐하면 기도를 배우는 유일한 방법은 기도하는 것이기 때문이다.

이 장 서두에서 나는, 결혼식 날 밤에 아내와 함께 감사 기도를 드렸던 한 젊은 남자에 대해서 언급했다. 외경의 토비트서에는 비슷한 상황에서 토비아와 사라가 드린 훨씬 더 좋은 기도가 나온다. 이것은 종종 결혼식 기도로 사용되고 있으며, 결혼 생활을 시작하면서 함께 하기에 좋은 기도문이다.

우리 조상의 하나님, 찬양을 받으소서.
주님의 이름으로 하여금 영세무궁토록 찬미받게 하소서.
주님이 창조하신 하늘과 만물로 하여금
영원토록 찬양하게 하소서.
주님은 아담을 창조하셨고,
그를 돕고 받들어 줄 아내로서
하와도 창조하셨습니다.

그 둘에게서 인종이 퍼졌습니다.
"사람이 혼자 있는 것이 좋지 않으니, 그를 닮은 짝을
만들어 그를 돕게 하자" 하고 주님은 말씀하셨습니다.
내가 지금 이 여자를 아내로 맞는 것은
음욕 때문에가 아니라,
하나님의 뜻을 참되게 이루기 위해서입니다.
나와 내 아내에게 자비를 베푸시어,
늙도록 함께 살게 해주소서.
(토비트서 8:5-7, 공동번역, 원문에는 예루살렘 성경이 인용되어
있다—역주)[11]

2

대화 귀기울여 마음을 듣기

아내와 나는 함께 소파에 앉아 영적인 우정을 깊게 하기 위한 새로운 시도를 하는 중이었다. 나는 게일 옆에 쓰러지면서 아무 말 없이 발끝으로 그녀의 옆구리를 살짝 밀었다. 마치 우리가 아주 오랫동안, 어쩌면 한 번도 이야기해 보지 않았던 어떤 것을 탐구하는 동안에도 육체적 접촉을 계속할 필요를 느끼고 있다는 듯이. 우리는 서로를 **영적으로** 더 깊이 알아 가는 일에 집중하려 하고 있었다.

영적인 동반자가 되기 위해서는 계획적이어야 한다. 결혼 생활이라는 정원을 가꾸기 위한 시간과 공간을 마련하려면 미리 계획을 세우고, 전화기를 꺼 놓고, 때로는 아이 맡길 사람을 구해야 한다. 주말 피정을 떠나든 그냥 집 밖으로 나가든, 일상적인 환경을 벗어나는 것도 도움이 된다는 것을 알 수 있다.

경건 생활이 일반적으로 그렇듯이, 부부 영성은 일련의 새로운 출발을 요구한다. 대부분의 부부들은 친밀함을 깊어지게 하는 것에 대해 주저하는 마음이 있는데, 그것은 이해할 만한 일이다. 그들은 그것을 원하기도 하고 두려워하기도 한다. 그들은 그것을 간절히 바라기도 하지만 동시에 귀찮아하기도 한다. 매우 불안정한 결혼 생활에서는 이러한 갈등이 대단히 심각하다. 그러나 건강한 결혼 생활에서도 이러한 양방향의 감정은 존재하게 마련이고, 따라서 심리적이고 영적인 친밀함에 대한 욕구가 자신을 보호하려는 욕구보다 더 크다는 것을 확신할 필요가 있다. 우리는 결혼 서약을 통해서 배우자에게 영적 생활에서 일차적으로 의지할 수 있는 사람이 되겠다고 맹세한다. 그러므로 우리는 자신의 두 마음을 극복할 대책을 강구해야 한다.

"당신의 인생에서 하나님의 따뜻한 사랑의 손길을 처음 경험한 순간은 언제였나요?" 게일은 준비된 질문(이 장의 마지막 부분에 있는 것과 같은)을 읽을 때 대부분의 사람들처럼 어색함을 느끼면서 이렇게 물었다. 하지만 우리는 어디서부터든 시작해야 한다. 구조화된 프로그램으로 시작한 대화도 대개는 결국 자연스러운 대화로 이어지게 된다.

"열여덟 살 때 참석한 청소년 캠프에서 예수님이 나를 찾아 주신 사건 전에는 하나님의 존재를 의식했던 기억이 없어요."

나는 이렇게 대답하면서, 소년 시절 내가 매주 교회에 앉아서 시간을 낭비하며 다음 목공 작업을 계획했던 기억을 떠올렸다. 게일은 나와는 정반대의 경험을 해 왔다.

"나는 아주 달라요. 하나님이 내 생활에 결정적인 요소가 아니었던 때를 기억할 수가 없어요. 내가 네 살이었을 때, 우리집 뒷마당에서 낙엽을 긁어모으고 있는데 바람이 나를 거슬러 불었어요. 그 때 내가 하나님은 너무 인정이 없다고 종알거렸던 기억이 나요. '하나님, 내가 낙엽을 모으려고 한다는 걸 알고 계시면서 어떻게 바람이 거꾸로 불게 하실 수 있어요?' 하지만, 우리가 하나님이 우리를 찾고 계시다는 걸 알기 이전에도 그분은 우리 둘 모두와 함께 계셨어요."

게일의 말을 들으며 내게 다른 기억이 떠올랐다. "아주 어렸을 적에 토론토에서 이웃 아이들과 숨바꼭질을 하곤 했었어요. 그런데 나는 숨는 것도 찾는 것도 잘 못했거든. 어떤 친구들은 술래가 절대로 찾을 수 없게, 차고 뒤나 작은 나무 속에 아주 잘 숨었어요. 게임이 끝나면 들키지 않은 아이들은 환호하면서 숨은 곳에서 튀어 나왔어요. 하지만 잘못 숨어서 첫 번째로 들키게 되면 술래를 해야 하고, 다른 아이들을 찾아내야 하지. 나는 어느 쪽도 하고 싶지 않았어요. 그래서 그냥 적당히 숨어서, 너무 빠르지만 않게 들키기를 바랐지요! 나는 정말 숨는 것도 찾는 것도 잘 못해요."

게일은 내 어린 시절의 경험이 내 영적인 여정에 어떤 비유가 되는지를 곰곰이 생각하기 시작했다. 나는 조금은 하나님을 필요로 하고 있었지만, 온 마음을 다해 하나님을 찾지는 않았다. "하지만 당신은 게임이 끝났을 때 못 찾겠다는 말을 듣고 싶지는 않았잖아요." "그리고, 언제든지 술래는 우리를 찾으시는 하나님 아버지이시고, 앞으로도 그럴 거예요"라고 그녀가 말했다. 게일은 내 행동의 심리적인 원인을 찾으려 애쓰지 않고 내 인생 가운데 하나님의 움직임을 알아챌 수 있도록 도와주려 했다. 나는 하나님이 나를 찾아내셨던 다른 방법들을 이야기하기 시작했다.

"언젠가 기도 수련회에 가서 숲 속을 걸으면서, 내가 깨달아야만 하는 나 자신의 모습을 보여 달라고 하나님께 간구했어요. 눈의 무게를 견디지 못해 휘어진 어린 나무들과 키가 크고 곧게 뻗은 미송나무 그리고 대단히 크기는 하지만 썩어 있는 오래된 그루터기를 보았어요. 그 어느 것도 내 모습은 아니었어요. 그러다가, 한때 철조망을 세우기 위한 기둥으로 사용되었던 나무 한 그루를 보았어요. 그 나무가 자라는 동안 철사가 나무의 생명을 짓눌렀지만, 그 나무는 철사가 제거되는 날까지 그것을 피해서 자라났어요. 이제 남은 것은 온통 상처뿐이지만, 그것은 한때는 묶였으나 이제는 자유롭게 되었다는 것을 가시적으로 나타내는 표시였지요. 나는 그 나무와 같아요"라고 내가 회상했다.

"당신은 단순히 정서적인 상처를 가진 사람이 아니라, 그리스도 안에서 자유롭게 된 사람이라는 것을 계속해서 기억하고 있는 사람이에요." 영적인 대화를 나누다 보면 어떤 문제나 나쁜 자아상, 또는 인정받지 못한 어린 시절의 뿌리들을 찾아보려 하게 된다. 그러나 영적인 동반자는 믿음을 자라게 하는 데 전념해야 한다는 것을 게일은 알고 있다. 그녀는 내가 하나님께 집중하도록 도와주려고 애쓰고 있었다.

영적인 여정을 이야기할 때, 나는 나의 영, 즉 진정한 나를 드러내고 있는 것이다. 하지만 그렇게 하는 것을 꺼리기 때문에, 내가 자신을 편집하는 경향이 있다는 것을 발견한다. 조가비 껍데기를 빌려 그 안에서 자라는 소라게처럼, 다른 누군가가 보고 있을 때면 나도 머리를 거꾸로 밀어 넣는다. 또 그 게처럼, 내가 영적으로 점점 더 열려 감에 따라 조가비 밖으로 조금씩 나오게 되는 것을 느낀다. 그러므로 이야기를 들어 주는 온화하고 도움이 되는 사람이 필요한데, 게일은 그런 사람이 되는 법을 알고 있었다.

영혼의 친밀함

부부간의 대화를 발전시키는 것은 단지 무슨 말을 해야 할지를 알게 되는 것뿐 아니라 어떻게 들어야 하는지를 알게 되는 것이다. 우리는 두 귀와 한 입을 갖도록 창조되었는데, 이 해부학적 사실은 종종 실제 대화에서는 제대로 적용되지 않는다. 실제로 우리에게는 말하는 것보다 듣는 것이 갑절이나 어렵다.

많은 부부들은 이 장의 마지막 부분에 나와 있는 주제들에 대해서 순번을 정하여 말하면서, 교대로 30분씩 상대방의 말을 듣는 것이 도움이 된다는 것을 발견한다. 훌륭한 대화 기술을 가지고 있는 부부들조차도 이 연습을 해 보면 이야기를 나누고 듣는 능력이 향상되는 것을 깨닫게 될 것이다. 결혼 생활의 대화는 판에 박히고, 피상적이고, 습관적으로 얄팍한 것이 되기가 너무 쉽다. 그러나 우리는 그 이상의 것을 갈망한다.

때로는, 이전에 만난 적도 없고 다시 만날 일도 없는 낯선 사람과 영혼의 친밀함을 좀더 쉽게 느끼는 것 같다. 과거도 없고 미래도 없을 때 가면이 벗겨진다. 감추인 좌절감과 두려움, 은밀한 기쁨들이 모두 밖으로 쏟아진다. 거기에는 책임이 따르지 않기 때문에 그렇게 하는 것이 아주 쉽다. 그러나 책임이 없으면 지속적인 깊이도 없다.

아내와 함께 비행기에 나란히 앉아 있는 동안, 우리는 침묵하고 있다. 할 말을 다 했거나 대화를 나누기에 좋지 않은 시점이기 때문이 아니다. 내 다른 한 편에는 이 순간 친밀한 대화를 나눌 수 있을 것 같은 한 여인이 앉아 있다. 나는 안전하다는 이유로 이 낯선 사람에게 내 마음을 열어 보일 수도 있다. 그녀는 나를 알지 못하고 앞으로 알게 되지도 않을 것이다. 어쩌면, 그녀와 대화를 나누는 것이 위험하기 때문에 매력적인 기대를 갖게 되기도 한다. 누구든 낯선 사람과 함께하는 것에는 경험해 보고 싶은 모험적인 요소가 은근히 들어 있다.

우리가 지상 3만 피트 상공을 날아가고 있는 동안, 기내의 스크린에서는 내가 옆에 앉은 이 낯선 여인을 만난 것과 마찬가지로 통근 기차 안에서 서로 만나게 된 한 남자와 한 여자에 대한 영화가 상영 중이다. 그들은 서로 '클릭'되었다. 연애 상대로서만이 아니라 우정 관계로서도 그러했고, 그러한 우정은 두 사람 모두 가정에서 자신의 배우자와 나누어 보지 못한 것이었다. 이 영화는, 할 수 있다면 그러한 우정을 갖는 것은 나 자신을 위해서 당연하다고 생각하도록 유혹했다.

나는 결혼 생활을 하면서 매일매일 선택의 기회를 가진다. 그러나 실제로 그것은 이미 결혼식 날에 한 선택을 확증하는 것이다. 나는 그 때, 함께 친밀함에 이를 수 있는 친구를 더 이상 찾지 않을 것이며, 이미 선택한 친구와 친밀하게 **지내겠다고** 결심했다. 수도 생활과 마찬가지로, 나는 서원한 삶을 살고 있는 것이다. 나는 곁에 있는 아내에게 즐거이 매여 있다. 내가 서원을 지키고 싶지 않을 때에는, 서원이 나를 지킨다. 그래서 나는 게일을 만지기 위해 손을 내민다. 그녀는 지금 내 생각을 잊고 잠이 들어 있다. 그러나 이 영화가 주는 메시지는 잊지 않고 있다. 왜냐하면 25년 전에 그녀 역시 우리 영혼의 우정은 잠시 있다 사라지는 것이 아니라 깊고 지속적인 것이 되리라는 결단을 했기 때문이다.

그러나 결혼한 배우자와 영혼의 친밀함을 추구하는 데는 어려움이 따른다. 예를 들면, 틸덴 에드워즈(Tilden Edwards)는,

결혼 관계는 너무나 복잡해서 공통의 영적 지향성을 갖기 위한 장이 될 수는 없다고 결론지었다. 그는 결혼 생활 외부에서 친구나 안내자를 찾고, 이러한 관계의 열매가 각 배우자를 풍성하게 함으로써 결혼 생활을 풍성하게 하도록 권면한다.[1] 배우자 개개인이 '외부의' 영적 친구를 가지고 있는 것뿐 아니라, 개개의 부부가 다른 부부와 영적인 교제를 나누는 것 또한 매우 훌륭한 일이다. 이것은 결혼 관계가 우리의 모든 영적인 필요를 만족시켜야만 한다는 압력을 줄일 수 있다. 그러나 그것이 아무리 훌륭하다 하더라도, 외부의 관계가 배우자의 마음에 귀를 기울이는 법을 배우는 것의 대안이 되어서는 절대 안 된다.

영적 동반자로서 귀기울이기

일단 영적인 대화를 통하여 친밀함을 추구해 가기로 헌신하면, 우리는 그것이 겨우 절반의 성공에 불과하다는 것을 알게 된다. 이것을 잘 해 내려면, 듣는 법을 배워야 한다.

12세기 시토 수도회의 수도사였던 리보의 엘레드(Aelred of Rievaulx)는 그의 고전 「영적 우정」(*Spiritual Friendship*)에서 영혼의 친밀함에 대해 이야기했다. 비록 그는 수도사적인 우정의 맥락에서 작품을 썼지만, 그의 사상은 결혼 생활에 직접 적용될 수 있다. 엘레드는 그리스도 안에서의 우정은 하나님으로부터 멀어지게 하는 것이 아니라, 하나님에게로 나아가는 직행 통로라고 말한다. 그는 요한일서 4:16을 다음과 같이 대담하게 의역하였다. "하나님은 우정이시라. 우정 안에 거하는 자는 하나님 안에 거하고." 우정에 대한 그의 생각은 영적인 대화를 통하여 더 깊은 관계를 맺기 원하는 결혼한 동반자들에게도 매우 적절하다.

엘레드는 가장 초보적인 우정은 **기능적인 것**, 즉 두 사람이 공통의 관심사를 나누는 것이라고 설명한다. 이러한 관계에서 각 사람은 오직 자신의 개인적인 관심사에 대한 반향만을 듣기 때문에 마음에 귀를 기울이는 일은 거의 없다. 예를 들면, 나는 게일이 어린 10대였을 때 온타리오 주 해밀턴에 있는 도심 선교회의 주일 학교에서 가르쳤던 이야기를 즐겁게 들을 수 있는데, 나 역시 혜택받지 못한 사람들에게 관심을 가지고 있기 때문이다. 그러한 섬김의 근원을 끄집어내고 하나님의 사랑으로 그녀의 마음이 더욱 깊이 감동하도록 도와주는 대신에, 같은 내용의 응답으로, 즉 내가 공유하고 있는 비슷한 관심사를 이야기함으로써 영적인 대화에 주의를 기울이지 않을 수도 있다. 그것은 나쁠 것은 없지만 최선의 것도 아니다.

엘레드는 둘째 종류의 영적인 우정을 **수용적인 것**으로 규정한다. 이것은 지도자와 제자, 좀더 성숙한 신자와 덜 성숙한 신자 사이에 형성되는 관계이다. 다른 상황에서라면 이러한 관계가 유익한 것이지만, 결혼 생활의 영적인 대화에는 이러한 형태의 우정이 치명적이다. 내가 우월하다거나 더 앞서 있다고 생각하는 순간, 나는 **배우자로서** 게일의 마음에 귀기울이기를 멈추어 버린다. 내가 더 경험이 많다고 말하지는 않겠지만 그렇게 생각할 수는 있고, 그러면 그 메시지는 비언어적으로 전달된다. 결혼 생활에서는 일방적인 관계가 결코 바람직하게 작용하지 않는다. 평등한 사이에서 맺어진 언약 관계에는 이러한 역학이 없어야만 하는 것이다. 엘레드는 영적인 친구란, "또 다른 자신에게 하는 것처럼 대등한 관계에서 말할 수 있는 사람, 아무것도 두려워할 필요 없이 당신의 실패를 고백할 수 있는 사람, 당신이 영적 생활에서 이룬 진보에 대해 부끄러워하지 않고 알릴 수 있는 사람, 마음속의 모든 비밀을 맡길 수 있고 당신의 모든 계획을 그 앞에 늘어놓을 수 있는 사람"이라고 설명한다.[2] 대등한 사람으로서가 아니라 우월한 사람으로서 들어주고 있는 배우자에게 어떻게 이렇게 할 수 있겠는가?

귀를 기울여 마음을 듣는 것은 배우자에게 나 자신의 평판을 좋게 하는 것이 아니라, 하나님 안에서 우리의 공통된 마음을 발견하는 것을 의미한다. 내가 게일에게 "간혹 나는 내가 정말 그리스도인이기는 한가 하는 생각이 들어요."라고 말한다면, 게일은 그렇게 말하지 않겠지만, "나도 한때는 그런 의심을 한 적이 있었어요. 하지만 성령이 충만해진 이후로 그런 의심은 모두 사라져 버렸어요!"라고 말하는 것은 도움이 되지 않는다. 귀기울여 듣는 친구는 우리가 의심을 넘어 더 깊이 나아가도록 함께해 준다. 게일 역시 의심들로 씨름하고 있기 때문에, 나 자신의 의심들을 의심하는 일에서 내 편이 되어 줄 수 있다.

부부 중 한 사람이 믿은 지 훨씬 더 오래된 그리스도인일 경우에, 결혼 생활의 대화에서 이러한 상호 관계의 필요성은 특히 중요하다. '오래된' 그리스도인은 지도자의 자세를 취하려는 경향이 있다. 반대로, '어린' 그리스도인은 습관적으로 더 오래 믿은 사람을 따를 수 있다. 이 두 가지는 모두, 깊은 나눔을 방해할 뿐 아니라 잘못된 믿음에 기초하고 있기 때문에 피해야 한다. 새로운 그리스도인이 오래 믿은 그리스도인에게 기여할 바가 거의 없다는 것은 결코 진실이 아니며, 그리스도의 제자로 오랜 세월을 보내면 배우자로서 조언자가 될 자질을 갖추게 된다는 것도 진실이 아니다. 나는, 아직 그리스도인이 아닌 사람과 결혼한 신자들이 배우자의 이야기를 들을 때 동등한 자세를 취하고, 하나님은 그분이 인정받으시기 전에도 일하신다고 믿고, 선한 열매를 거두는 것을 목격해 왔다. 신자들이 자신의 영혼의 가장 비밀스러운 몸부림들까지도 나누는 위험을 감수할 때, 어떤 믿지 않는 배우자들은 이런 동등한 분위기에서 항복한다. 전체적으로 보자면, 그리스도인의 영적 성숙의 차이는 사소한 것이다.

영적인 동반자들은 자기와 동등한 사람을 찾거나 아니면 상대방을 자기와 동등하게 만든다! 엘레드는 이렇게 권고한다. "그러므로 절대 친구보다 여러분 자신을 더 낮게 여기지 말라. 그러나 어쩌다가 어떤 점에서 당신이 우월하다는 것을 발견하게 되면…친구 앞에서 주저하지 말고 자신을 깎아 내리라. 그에게 신뢰를 보내라. 그가 부끄러워한다면 그를 칭찬하고, 그의 비천함과 빈곤으로 인하여 당연히 따르게 되는 몫과는 정반대의 몫을 그에게 부여하라." 섬김받고자 하는 의사가 없는 배우자를 효과적으로 섬길 수 있는 사람은 아무도 없다. 그러므로 귀기울여 듣는 사람의 자세는 이러해야 한다. "나 역시 같은 여정을 가고 있습니다. 내가 이 여정 가운데 더 오래 있었느냐, 더 짧게 있었느냐는 문제가 되지 않습니다. 길을 찾기 위해서 우리는 서로가 필요합니다."

엘레드가 말하는 우정의 셋째 차원은 영적인 대화가 의도하는 목표에 훨씬 더 근접한 것이다. **호혜적인** 우정은 사람들이 가면을 벗고 투명하게 되어서 함께 길을 가는 순례자가 되는 것이다. 게일과 나는 대화를 시작할 때, 이 장 서두에 간단히 말한 것처럼 지난 날의 배경들을 일부 숨기고 있을지도 모른다. 그러나 그녀가 서로 나누기 원한다는 것을 알기 때문에, 나는 늘 계획했던 것보다 더 많은 말을 하게 되고, 말하면서 새로운 발견을 하게 된다. 귀기울여 들어 주는 게일의 태도가 나로 하여금 자신을 열도록 만든다.

하나님은 모든 영적 훈련을 통해 우리를 깜짝 놀라게 하실 계획을 갖고 계신다. 부부간의 대화도 그 나눔의 과정이 온전히 호혜적일 때 우리는 경탄하게 된다.

게일이 십대 시절 헤스 스트리트 미션(Hess Street Mission)에서 가난한 사람들을 섬기며 느꼈던 영적인 갈등과 기쁨들을 이야기할 때, 나도 한 총각이 병든 어머니와 살고 있는 방 한 칸짜리 오두막을 이웃에 둔 정다운 가정에서 성장해 온 것의 영적인 의미를 편안하게 이야기한다. 어머니는 언덕 위의 주프 부인과 알버트에게 우리집의 정성어린 음식을 뚝 떼어 보내지 않고는 편히 앉아서 드시지 못했다. 나는 밤마다 특사로서 이 자비로운 심부름을 하면서 느꼈던 미묘한 감정에 대해서 게일과 함께 자유롭게 토론한다. 비록 그 때는 내가 그리스도인은 아니었지만, 하나님은 이미 내가 가난한 사람들에게 주기만 하는 것이 아니라 받기도 하는 관계를 맺어야 할 필요성에 민감해지도록 일을 시작하고 계셨다. 게일과 이러한 이야기를 나눌 때, 우리는 기능적인 친구들처럼 단순히 공통의 관심사만을 나누는 것이 아니라, 각자 서로의 삶의 층들을 벗겨 내면서 주고받는 것이다.

엘레드는 궁극적인 우정을 **영혼의 결합**으로 보았다. 그것은 요나단이 다윗에게 그랬듯이(삼상 18:1-4; 19:1-4; 20:17, 42; 23:16), 한 사람이 다른 사람의 영혼과 만나고 결합되는 초자연적인 은혜의 행위이다. 이러한 '영혼의 입맞춤'은 오로지 위험을 감수하고, 시험하고, 자기를 내어주고, 결정적으로는 하나님의 은혜를 받음으로써 찾아오는 것이다. 엘레드에 따르면, 그 목표는 한 사람이 그 가운데서 삼중의 입맞춤, 즉 신체적·영적·지적인 유대를 경험하게 되는 영혼과 의지와 정신의 특별한 친밀함이다.[4] 이 세 가지가 거룩하게 결합될 때, 두 사람은 몸은 둘이지만 한 영이 되는 것이다(시 133:1). 결혼한 영적 동반자는 한 몸을 이루는 독특한 관계적 차원도 공유한다. 기계로 짠 스웨터를 상점에서 사 입듯이, 대부분의 사람들은 궁극적인 우정을 빠르고 쉽게 얻고 싶어한다. 그러나 영혼의 우정은 실을 한 올 한 올 음미하면서 손으로 뜨개질하는 것이다. 각 단계의 우정은 그 자체로 유익이 있지만, 영적인 대화는 결국 그 관계가 마음의 연합에 이르기까지 한 땀 한 땀 더하는 것이다. 그러나 우리가 **열심히** 귀기울여 듣지 않는 한, 이런 일은 일어나지 않는다.

들음으로써 구비시키기

모든 그리스도인이 사역자라는 진리는 사람들이 가장 널리 믿는 진리이면서도 가장 실천하지 못하는 성경의 가르침 중의 하나다. 결혼 생활에서는 특히 그러하다. 모든 하나님의 백성들은 서로와 세상에 대해서 하나님의 일을 하도록 부르심을 받는다. 그러나 그들은 미리 구비되어야 한다. 만인 제사장설은 우리 모두가 하나님께 다른 사람을 중재할 수 있고, 다른 사람들에게 하나님의 은혜를 전달할 수 있다는 양방향의 사역을 의미한다(벧전 2:9). 사역이란 하나님을 위하여 사람들과 접촉하는 것이며, 성령을 통하여 그리스도가 지상에서의 사역을 계속해 가시는 통로가 되는 것이다. 사역은 재산이나 음악을 듣는 귀, 목공 기술처럼 '소유하는' 것이 아니다. 그것은 우리를 통하여 사역하시는 오직 한 분이신 그리스도와의 진정한 관계로부터 파생되는 것이다. 그러나 사역은 다른 사람들과의 관계로부터 나오는 것이기도 하다. 그것은 꺼내어지고, 인식되고, 조화를 이루고, 일깨워져야 한다. 다른 말로 하면, '구비되어야' 한다. 이것은 교회에서나(엡 4:11-12) 가정에서나 마찬가지다. 귀기울여 듣는 것은 서로 상대방의 사역을 구비시키는 한 방법이다.

우리가 서로 섬기지 않는 한 가지 이유는, 너무 자만해서 배우자의 사역을 필요로 한다는 것을 인정할 수 없고, 너무 자신만을 신뢰한 나머지 "나의 이 문제를 위해 기도해 주겠어요?"라고 말할 수 없기 때문이다. 부부 중 한 사람만 섬기는 결혼 생활은, 단 한 사람이 사역하는 지역 교회와 결정적으로 닮아 있다. 특히 남자들이 이 문제로 갈등을 겪는 것 같다. 그들은 성적인 영역에서는 아무 어려움 없이 아내에게 "당신이 필요해요"라고 말하지만, 영적인 사역의 문제에서는 종종 "나는 당신이 필요하지 않아요"라는 신호를 보낸다(고전 12:21). 그러나 상대방에게 "오늘은 낙심이 되네요. 나를 위해 기도해 줄래요?"라고 말할 때, 우리는 스스로의 말로 상대방을 구비시키고 있는 것이다. 귀기울여 들어 주는 것은 이러한 과정에 결정적인 환경을 만들어 준다.

환경을 구비시키기. 우리에게는 눈꺼풀 같은 귀꺼풀이 없기 때문에, 듣고 싶지 않은 것에 대해서는 무관심해지는 법을 배워 왔다. 그렇지 않으면, 상대방이 말할 내용을 미리 예상하고 듣는다. 친구가 이런 이야기를 할 것이라고 생각하고는 중간에 끼여들어서, 친구의 말을 끝내 버린다. 그러나 진정한 친구는 상대방이 하는 말 이면에 있는 감정과 의도, 갈망과 낙담에도 귀기울인다. 우리는 배우자의 영혼을 지켜 주는 자로서, 도전하고 격려하고 어려운 문제를 해결하며 우리 안에 있는 잘못된 점들을 밝히기 위해, 그들의 영혼의 상태를 숨김없이 의논할 수 있는 환경을 만들어야 한다. 게일이 매우 조심스럽게 내게 물었다. "당신은 당신에게 상처 준 사람들을 벌 주고 있나요? 그 사람들을 마음으로부터 기꺼이 용서할 수 있나요?" 우리 중의 한 사람이 나머지 한 사람을 거부하도록 만들 수 있는 것은 아무 것도 없다는 것을 알기 때문에, 우리는 아무 거리낌없이 이렇게 서로에게 단도직입적으로 말할 수 있다.

그러나 영혼을 지켜 주는 것은 상담과는 다르다. 영적인 삶에 대해 이야기하는 것은 아물지 않은 상처들과 고통, 해결되지 않은 문제들과 관계상의 다툼들을 필연적으로 노출시킨다. 영적 우정에서, 우리는 이러한 문제들을 항상 우리의 영적 순례와 연결지어 생각한다. 우리는 문제의 뿌리에 집중하기보다는 우리 삶의 뿌리이신 예수님께 집중한다. 상담이 정원의 잡초를 제거하는 것과 같다면, 영혼을 지켜 주는 것은 정원을 가꾸는 것과 같다.

배우자의 독특한 영성을 구비시키기. 어떤 사람들은 자신의 사역과 다른 종류의 사역을 무의식적으로 거부하는 까닭에 구비시키는 귀를 가지고 상대방에게 귀기울이지 못한다. 그러나 사람들에게는 제각기 독특한 은사와 사역이 있고, 그뿐만 아니라 독특한 영성이 있다. 다른 사람에게 자신의 경험이나 방법을 강요거나, 자기와 다르다는 이유로 다른 사람의 사역을 거부하는 것은 영적인 제국주의다. 진정한 친구는 상대방의 기질과 그가 하나님에게로 나아가는 독특한 행로에 협력한다. 구비시키는 것은 당신 자신의 사역을 재생산하는 것이 아니라, 다른 사람이 스스로의 사역을 시작하게 하는 것이다. 결혼 생활에서 이것은, 각각의 배우자가 상대방을 구비시키는 열쇠를 쥐고 있다는 의미이다. "나는 당신이 필요하고 당신의 사역이 필요해요"라고 솔직하게 말할 수 있을 때에만 우리는 그 열쇠를 사용하게 될 것이다. 이러한 방법으로 우리는 영혼의 동반자가 될 것이며, 배우자가 자신의 마음을 우리와 하나님에게 열 수 있도록 도울 수 있다.

배우자의 제사장직을 구비시키기. 결혼 예배는 두 사람이 서로에 대한 가정의 제사장으로 안수받는 예배이다. 제사장은 백성들의 필요와 찬양을 하나님께 전하고 하나님의 은혜와 사랑을 백성들에게 전하는 양방향의 사역을 한다. 신약 성경 어디에도 남편이 결혼 생활의 유일한 제사장이라거나, 아내에게 대해서 하나님을 개인적으로 대표하는 사람이라고 말하는 곳은 없다. 남편은 아내의 영성에 대하여 하나님께 책임지지 않는다. 만일 그가 그렇게 한다면, 그것은 도리어 제사장의 가장 중요한 사역 가운데 하나인, 백성들이 스스로 하나님과 교제하도록 하는 일을 방해하는 것이 될 것이다. 참된 신약적 제사장은 다른 사람들이 자신을 의지하는 것을 원하지 않으며, 그들이 하나님을 의지하기를 원한다.

그러므로 우리는 배우자의 영혼의 목자이시며 감독이신 그리스도가 일하시는 방법에 귀를 기울인다(벧전 2:25). 우리를 통해서 만족되는 것이 아니라, 그들 스스로 생명의 양식을 먹음으로써 만족될 수 있는 심원한 필요들을 배우자가 깨달아 가고 있다는 증거들에 귀기울인다. 배우자의 영성이 우리의 영성에 기생하여 의존하게 되어 가고 있음을 인식한다면, 배우자가 주님을 의지하도록 하는 것이 제사장으로서 귀를 기울이는 것의 의미다. 어린 자녀가 있는 부부들은 일정 시간 아이를 돌봐주는 선물을 함으로써 상대방을 구비시켜 줄 수 있는데, 그렇게 하면 그들은 번갈아 가면서 방해받지 않고 하나님하고만 함께 있는 시간을 보낼 수 있을 것이다. 우리가 목표로 하는 것은 서로에 대한 의존이 아니라 함께 주님을 의존하는 것이다.

이 장 마지막에 나오는 훈련 가운데 하나는, 각 배우자가 죄를 범한 경험들을 알아보는 것이다. 이 질문에 대한 배우자의 응답을 어떻게 들어 주느냐 하는 것은 매우 중요하다. 제사장은 우리에게 속죄의 하나님이 계시다는 것을 알고 있다. 하나님의 마음에는 십자가, 곧 하나님과 인류에게 미친 죄의 결과들을 최종적으로 처리한 십자가가 있다. 그리스도의 속죄가 있다는 것을 아는 제사장은 죄를 보고 들을 때 감히 긍휼히 여길 수 있다. 그들은 정죄하지도 묵과하지도 않는다. 그들은 자신도 오직 그리스도의 피를 통하여 의롭다고 선언된 죄인이기 때문에 정죄하지 않는다. 또 그들은 하나님이 자비롭다고 해서 공의를 포기하지는 않으신다는 것을 알고 있기 때문에 죄를 묵과하지도 않는다.

우리는 결혼 생활 가운데서 서로에 대한 제사장이므로, 배우자에 대한 열망(passion)이 있다. 문자적으로 긍휼(compassion)이 의미하는 바가 바로 이것이다. 우리는 배우자를 하나님 앞으로 데려가 하나님이 그에게 가지고 계신 자비로운 열망을 증거한다. 그리스도인 부부는 십자가를 지는 사람, 즉 공동으로 십자가를 지는 사람들이다. 제사장인 부부는 상대방 안에서 제사장직을 일깨우는데, 이것은 그렇지 않았더라면 정죄하거나 묵과해 버렸을 상황 가운데서 긍휼을 불러일으킨다. 죄에 대한 이 두 가지 부적절한 반응은 대개 우리가 자신의 죄를 충분히 처리하지 못했다는 표시이며, 귀기울여 마음을 듣는 배우자는 그것을 분별하게 될 것이다.

실천에 옮기기

영적인 대화는 기술이라기보다는 예술에 가깝다. 대부분의 사람들은 영적인 삶에 대한 일련의 질문에 대답을 쏟아낼 수 있다. 그러나 마음에 귀기울이는 법을 배우는 것은 일생의 소명으로, 영적인 친구이자 구비시키는 자가 되라는 소명이다. 이제 다음에 나오는 지침들을 사용하여 그 일을 시작해 보지 않겠는가? 말하는 것보다 듣는 것이 두 배나 어렵다는 것을 기억하라. 이 질문들은 출발점일 뿐이다. 이러한 질문들로 출발해서 다다를 수 있는 다양한 방법들을 마음껏 탐험해 보라.

순서를 정해 돌아가면서 다음 질문들에 대답하고, 상대방의 응답을 듣는 것이 도움이 될 것이다.

- 당신의 인생에서 하나님의 따뜻한 사랑을 처음으로 경험한 때를 이야기해 보라. 그 이후로 당신의 영적인 여정에서 일어난 일들 몇 가지를 자세히 나누라. 그 길을 걸어오면서 당신이 성령 안에서 성장하는 데 가장 중요한 격려가 되었던 일이 있다면 무엇인가?
- 지금 각자가 어떻게 하나님을 친밀하게 경험하고 있는지, 또 하나님이 가장 멀게 느껴지는 때는 언제, 어느 곳에서, 어떤 이유에서인지 나누어 보라.
- 당신을 찾으시는 하나님 아버지 앞에 당신의 삶을 열어 보이기 위해서 현재 하고 있는 일은 무엇인지, 지속하고 있는 훈련이나 따르고 있는 모범은 무엇인지 나누어 보라. 이러한 훈련들을 지속하지 못하도록 방해하는 것은 무엇인가? 지금 당신에게 필요한 도움은 무엇이겠는가?
- 하나님이 당신과 당신의 배우자에게 지금 말씀하고 계신다고 느끼는 것은 무엇인지, 하나님이 지금 당신에게 그분과

함께 어떤 자리에 있기를 원하시는지, 하나님은 지금 당신 부부 각자에게 어떻게 역사하시고자 하는지 숙고해 보라.

- 당신이 기도 드리는 삼위일체 하나님의 세 위격, 즉 성부, 성자, 성령에 대해 상대방과 이야기해 보라. 하나님의 성품 가운데 당신이 쉽게 관계를 맺을 수 있다고 생각하는 부분과, 좀더 거리가 있거나 낯설게 보이는 부분들을 지적할 수 있을 것이다.
- 당신이 하나님의 모습을 어떻게 그리고 있는지 나누어 보라. 당신이 하나님께 잘 반응하는 데 도움이 되는 어떤 핵심 단어나 이미지, 혹은 하나님에 대한 은유가 있는가? 혹은 고심이 되는 이미지나 은유가 있는가?
- 결혼 관계 이외에 당신의 인생에서 가장 중요한 관계를 생각해 보라. 그들을 향한 당신의 영적인 갈망에 대해 이야기하고, 그들을 위해 보통 어떤 기도를 드리는지 이야기해 보자. 당신은, 하나님이 이 관계들에 대해서 당신이 어떻게 하기를 원하시는지 깨닫고 있는가?
- 죄에 대해 말하기란 쉬운 일이 아니다. 그러나 여러 부부들이 이러한 감정을 공유하는 것이 유익하다는 것을 깨닫고 있다. 당신이 가장 자주 죄책감을 느끼는 문제는 무엇인가? 당신은 죄를 어떻게 처리하는가?
- 인생을 돌아볼 때, 당신은 공정한 대우를 받아 왔다고 느끼는가? 그렇다면 어떤 점에서, 그렇지 않다면 어떤 점에서 그

러한가? 지금은 어떠한가? 이것은 당신과 하나님의 관계에 어떤 영향을 미치는가?

- 당신은 만족하고 있는가? 그렇지 않다면, 당신이 느끼는 불만족의 외적인 원인은 무엇인지 알고 있는가? 내적인 원인이 있는가? 이것은 당신과 하나님의 관계에 어떤 영향을 미치는가? 또 당신과 하나님의 관계는 당신의 불만족에 어떻게 영향을 미칠 수 있겠는가?
- 당신의 삶의 의미에 대해서 배우자와 나누어 보자. 어떻게 그것을 발견하였는가? 그 의미를 획득하였는가, 아니면 상실하였는가? 세월이 지나면서 그것은 어떻게 변화해 왔는가? 하나님과의 관계는 당신이 삶의 목적을 발견하고 키워 가는 데 어떻게 도움이 되는가?
- 미래에 대해서는 어떠한가? 수 년 뒤 당신의 존재와 일에 대해 어떤 꿈을 꾸고 있는가? 이러한 꿈들이 명확해지고 정제될 수 있도록 하나님과 그것을 공유할 수 있는가? 경건한 삶을 위한 당신의 목표가 무엇이라고 말할 수 있는가? 당신의 배우자는 당신이 그 목표를 향해 나아가는 데 어떻게 도움을 줄 수 있는가?"

3

안식 함께 하는 천국 놀이

"나랑 같이 사는 게 재미있어요?" 나는 게일에게 묻는다. 내가 태평양 연안의 쾌락주의자인 것 같은 생각이 들 때도 가끔 있지만, 사실 나는 같이 살기에 재미있는 사람은 아니다. 지난 수년 동안, 생활비를 벌고 세 아이들을 양육해야 하는 책임에 밀려서 즐겁게 사랑을 표현하는 일은 뒷전이었다. 게다가 나는 차갑고 심각한 사람이다. 게일이나 나나 여러 가지 책임들과 문제들로 압박을 받아 왔다.

하지만, 하나님과 서로에 대한 사랑이 깊어짐에 따라, 우리는 더 깊은 기쁨도 함께 경험해 왔다. 우리의 바쁜 삶에는 평온한 안식이 스며 있다. 그리스도 안에서 부부로 산다는 것은 길이 잘 든 신을 신고 손을 맞잡고 긴 산책을 하는 것과 같다. 안식일은 그렇게 지내도록 의도된 것인데, 특히 나처럼 이따금씩 일 중독에 걸리는 사람들을 위해서 그러하다.

그리스도인의 삶의 목표 가운데 하나는 하나님 아버지 앞에서 거침없이 자연스럽게 뛰노는 자녀가 되는 것이다. 그것이 바로 성경적인 안식이 의미하는 바이며, 부부가 함께 안식함으로써 유익을 얻을 수 있는 이유다.

안식일은 우리를 부르시는 하나님과 관계를 맺도록 도와준다. 그것은 하나님이 우리를 강요된 행동과 몰두하고 있는 일로부터 자유롭게 풀어 주시는 시간이다. 개개인에게 휴식이 필요하다는 것은 의심의 여지가 없다. 그러나 그뿐 아니라 부부에게도 휴식이 필요하며, 결혼 생활 자체가 일이 되어 가고 있을 때에는 특히 그러하다.

거룩한 여가

십계명 전체 가운데서, 영적 훈련이라 할 만한 유일한 것은 안식일을 지키는 것에 관한 조항이다. 그것은 우리의 영적 건강을 위하여 매우 중요하다.

안식일은 이 땅에서의 삶의 근거와 목표를 의도적으로 묵상하고 기념하는 일을 제외하고는 한가하게 지내도록 하려는 목적을 가지고 있다. 성경은 여가를 장려하는 대신에 안식을 제안한다. 여기에는 심오한 이유가 있다. 우리가 여가에서 찾는 것을 하나님은 안식을 통해 우리에게 주신다. 사람들은 자신의 삶을 의미 있고 재미있게 만들어 줄 경험을 사기 위해서 어떤 인간적인 필요도 만족시키지 못하는 어리석은 일을 한다. 그러나 거대한 여가 산업이 제공하는 것은 거짓 안식이다. 그것은 본업보다 취미가 더 재미있는 것이라고 믿도록 만든다. 하지만 이렇게 믿게 되면, 우리는 내적으로 분열되고, 스트레스를 받으며, 불안해진다.

안식일은 재미있게 노는 날로 고안되었다. 그것은 창조(출 20:11)와 구원(신 5:15)을 여유롭게 묵상할 수 있는 기회이다. 그것은 한 주간의 절정, 부부들이 함께 경험할 필요가 있는 절정이다. 창조 기사에서 아담과 하와가 제7일의 휴식을 준비하는 제6일에 창조되었다는 것은 의미심장하다(창 2:2-3). 그들이 세상에서 처음으로 경험한 것은 안식일이었다. 일주일이 지나, 아담과 하와는 낙원에서 정원을 가꾸고 공동체를 건설하는 일을 놓고 쉬면서, 하나님 놀이를 했다. 즉 그들은 피조된 자신들 속에서 하나님을 형상화하고 있었다. 하나님도 일하고 쉬신다. 그리고 우리는 이 땅에서 하나님의 왕 같은 대표자들로서 하나님을 모방해서 그 두 가지를 모두 행한다. 우리는 일과 놀이로 하나님께 영광을 돌린다.

신약 성경에서 안식일은, 궁극적인 전원 도시, 즉 새 예루살렘에서 일과 휴식이 하나의 영광스러운 경험이 될 하늘의 낙원을 예시한다(히 4:1-11). 부정적이고 생명을 거부하는 날과는 달리, 안식일은 예수님을 따르는 자들에게는 정결한 놀이를 하는 날이다. 아이들이 부모를 모방하고 '소꿉장난'을 하는 것과 마찬가지로, 신자들은 안식일에 '천국 놀이'를 하며 하나님 아버지를 모방한다.

아이들에게는 일과 놀이가 하나의 경험이다. 놀이를 하는 아이들은 수단, 효율성, 결과에 대한 평가로부터 자유롭다. 놀이를 하는 아이들의 내면 세계는 생산적이어야 한다는 필요에 구속받지 않는다. 그들은 자유롭게 상상력을 펼친다. 아이들은 단지 따분한 성장 과정을 통과하면서, 사람이란 그가 하는 일에 의해서 규정되고, 일은 놀이보다 중요하며, 인간 관계는 반드시 어떤 '작용'을 해야 하고, 기도마저도 결과물을 생산해 내야 한다는 것을 배우게 된다.

아이들은 부모에게 "같이 놀아 주실래요?"라고 요청한다. 어떤 점에서는 이런 놀이로 성취되는 것은 아무것도 없다. 그러나 실제로는 매우 중요한 것이 성취된다. 즉, 부모와 자녀가 서로를 즐거워하고 소중히 여긴다는 것을 함께 확신하게 되는 것이다. 결혼한 부부는 왜 상대방에게 "나랑 같이 놀래요?"라고 말하지 않는가? 왜 하나의 영적인 훈련으로서, 안식으로서 그것을 하지 않는가? 함께 노는 것은 함께 기도하는 것과 비슷한 일이다.

양질의 시간(quality time)이라는 신화

부부가 함께 일할 때, 그들은 그 **사안**에 대해, 사물에 대해, 창조 세계의 일들에 대해 통치권을 행사하고 있는 것이다. 가계부로 사용할 새로운 컴퓨터 프로그램을 고안하고 있든, 뒷마당의 잡초를 파헤치고 있든 마찬가지다. 그것은 이 땅의 대표자들로서 하나님을 모방하는 것이 의미하는 바의 일부이다(창 1:28). 그러나 부부가 안식을 누리는 것은 훨씬 더 어려운 과제인 **시간**에 대한 통치권을 행사하고자 하는 것이다.

우리는 시간 계획을 짤 때, 그것을 토양이나 핵 에너지처럼 관리할 수 있는 자원으로 여긴다. 시간 관리를 통해 우리는 바쁜 한 주 가운데서 배우자를 위한 한 시간을 더 짜낼 수 있다. 나쁠 것은 없는 일이다. 그러나 이런 식으로 시간을 보게 되면, 우리에게 이렇게 적은 시간을 주신 하나님을 원망하고, 우리 스케줄에서 일정 부분을 요구하는 배우자를 원망하고 있는 자신을 발견하게 될 것이다. 하루가 25시간이 아니라 24시간이라는 것을 불평하게 된다.

안식일을 지키는 것은 시간을 **선물**로 여긴다는 의미다. 시간을 창조주가 주신 좋은 선물로 겸손히 받을 때, 하나님은 매일, 매시, 매분 그리고 매순간 그리스도 안에서 휴식을 발견할 수 있는 가능성을 열어 주신다. 특별히 하나님과 배우자와 가족을 위해서 한 주에 하루, 또는 하루에 한 시간을 남겨 두는 목적은 우리 인생의 모든 시간을 구속하기 위해 우리를 바로 세우려는 것이다.

우리는 배우자와 지낼 한 시간을 계획하면 마치 초월적인 시간 경험을 얻을 수 있기라도 하듯이, 종종 **양질의 시간**에 대해 이야기한다. 그러나 이렇게 계획된 시간은 때로 차가운 침묵 속에서, 아니면 지루한 활동을 하면서 지나가 버린다. 물론 때로는 이렇게 계획한 시간이 멋진 시간이 될 수도 있다. 그러나 양질의 시간을 계획할 수 있다는 생각은 신화다. 사람들이 하나님께 열린 마음을 가지고 서로에게 **양적인 시간**(quantity time)을 드릴 때, 함께하는 시간은 양질의 시간이 될 수 있다. 그것은 우리가 서로에게 줄 수 있는 선물이지만, 동시에 하나의 훈련이기도 하다. 다른 모든 훈련과 마찬가지로, 우리를 찾으시는 하나님으로 인하여 경탄하기 위해서는 인간적인 장애물들을 치워야 한다.

결혼 생활에서 제거해야 할 인간적인 장애물은, 무언가를 생산하고 성취하고자 하는 충동이다. 그것을 거스르기 위해서 우리에게 필요한 것이 바로 안식이다. 안식은 놀이의 가치를 일깨워 주기 때문이다. 하나님은 우리가 인생에서 개별적으로나 부부로서나 놀이를 하도록 하신다. 이제는 함께 안식 놀이를 즐길 수 있는 세 가지 제안을 하겠다.

재미있는 놀이
게일과 내가 결혼 생활을 풍성하게 하는 주말 프로그램을 인도할 때, 우리는 한 가지 질문을 던지고, 하나의 규칙을 가지고 출발한다. 질문은 이것이다. "여러분 부부가 자녀들과 떨어져서 밤을 지내 본 지가 얼마나 되었습니까?" 놀랍게도, 어떤 부부들은 7년이 넘었다고 대답한다! 규칙은, 그들이 그 주말 동안 서로 자녀에 대한 이야기를 하지 않는 것이다. 어떤 부부들은 오랫동안 그것 말고 다른 이야기는 거의 하지 않았기 때문에 때로 당황해하는 웃음이 터지기도 한다. 그들에게 이 주말은 연애 시절로 돌아가는 시간이 될 것이다.

모든 부부는 오직 그들의 결혼 관계를 축하하기만 하는 시간이 필요하다. 어떤 부부들에게는, 이따금씩 즐거운 주말을 보내기 위해서 특별한 곳으로 떠나는 것이 교회에 가는 것만큼이나 필수적이다. 하늘에 계신 우리 아버지는 우리가 이렇게 함께 노는 것을 보며 미소지으신다. 놀이는 나쁘거나 '세속적인' 것이 아니라, 그것이 하나님께 드려진다면 도리어 거룩한 것이다.

결혼 25주년 기념일을 맞아 우리가 여행을 하고 있을 때, 이미 결혼한 우리 자녀 가운데 하나가 편지를 보내어 이런 말을 했다. "두 분의 삶에서 저희들이 유일한 존재가 아니라는 것, 그리고 두 분의 서로에 대한 사랑이 저희에 대한 사랑과는 다르기도 하지만 더 크기도 하다는 것을 배운 것은 중요한 일이었어요. 처음에는 어려운 수업이었지만, 두 분을 떠나야 할 시간이 점점 가까워 올수록, 얼마나 자유로웠는지요!"

게일과 나는 16년이 넘게 시골에 조그마한 오두막을 짓고

개량해 왔다. 그것은 우리에게 재미있는 놀이였고, 우리 둘의 창의력을 표현한 것이었는데, 아마도 자재가 대부분 바닷가나 쓰레기통에서 건진 것들이었기 때문일 것이다. 그 곳에 함께 있을 때면 우리는 달콤한 휴식을 경험한다. 우리는 그것이 하나님으로부터 온 것임을 알고 있다. 어떤 부부들은 하루가 끝나갈 무렵 무슨 심각한 대화를 기대하지 않고 조용히 차 한 잔을 나누면서 매일의 안식을 발견한다. 친교에는 말이 필요없다. 때로는 친구로서 그냥 같이 있는 것만으로 깊은 휴식이 되기도 한다. 부부들은 제각기 그들만의 방법으로 '천국 놀이'를 해야 한다.

예배 놀이
안식은 사랑을 통하여 우리의 정체성을 재발견하기 위해서 생산성과 성취라는 횡포로부터 자유로워지는 것이다. 그러므로 예배는 함께 안식일을 지키는 분명한 방법이다. **우리가** 노동에서 빠져나온 그 자체를 위해 예배하지 않는다. 그것은 우리의 실용주의적인 노동관을 예배로 끌어들이는 것이 될 것이다. 역설적이지만, 찬양은 모든 것을 유용한 것으로 만들려는 충동보다 더 높은 자리로 우리를 끌어올리기 때문에 '효과적이다.' 그것은 단순히 하나님을 즐거워하는 것으로, 그 이상도 그 이하도 아니다. 루이스(C. S. Lewis)는, 하나님을 예배하라는 명령에서 하나님은 그분을 즐기라고 초청하시는 것이라 말한 적이 있다. 예배는 놀이다. 그것은 한 아이가 다른 아이의 집 대문을 두드리면서 "오늘 나랑 같이 놀래?"라고 말하는 것과 같다.

아빌라의 성 테레사는 사랑을 듬뿍 받는 곰 인형처럼, 아기 예수의 팔에 안긴 장난감이 되고 싶다는 소망을 이야기했다. 장난감은 그것이 어떤 일을 하기 때문이 아니라 그것이 주는 기쁨 때문에 사랑을 받는다. 그리스도 안에 거한다는 것이 무엇을 의미하는지를 우리가 알고 있다는 한 가지 분명한 표시는, 전적인 은혜로 인하여 우리가 하나님께 기쁨을 드릴 수 있다는 것을 감히 믿는다는 것이다. 그리스도인 부부가 함께 하나님께 기쁨을 드리기를 원하지 않는다는 것은 생각할 수도 없는 일이다. 예배를 통하여 함께 하나님을 기쁘시게 하는 것은 우리가 가진 최상의 특권임이 분명하다.

공동의 영적 훈련과 결혼의 질적 수준과의 관계를 탐구한 아주 재미있는 연구가 있었다.[1] 이 연구는 단순한 교회 출석이나 예배 참여가 결혼의 친밀함을 거의 향상시키지 못한 반면에, 함께 기도하고 함께 하나님과 교제하는 법을 배우는 것은 그러한 역할을 한다는 것을 보여 주었다. 영적 훈련이 더 나은 결혼 생활의 원인인지 결과인지는 분명하지 않지만, 적어도 함께 예배하는 것이 성장하는 그리스도인의 결혼 생활을 구성하는 한 부분이라는 것은 확실하다.

대부분의 부부들은 나란히 앉아서 지역 교회의 예배를 누리는 것에서 시작할 것이다. 그러나 소그룹 가운데서 부부가 함께 찬양하고 예배 드리는 좀더 친밀한 기회에 마음을 열면 대단히 유익하다. 출산이나 이사 갈 새로운 장소를 준비하는 일들은 우리의 마음을 함께 올려 선하신 하나님을 경배할 수 있는 자연스러운 기회가 된다. 어떤 부부들은 온 가족이 찬송가나 복음성가를 부르는 것으로 하루를 시작하기도 한다. 아무리 수줍음이 많은 사람들도 집에서나 함께 차를 타고 가면서 복음성가 음반을 틀어 놓고 따라 부를 수는 있다. 내 친구 중에 어떤 이들은 함께 예배를 드리면서 방언이나 방언 기도를 사용하는데, 이러한 즐거운 기쁨의 표현이 그들이 함께하는 인생을 더 깊이 있게 해주었다고 한다. 기도서나 문서화된 예식서를 좀더 편하게 느끼는 사람들은 그것을 풍성한 자료로 활용할 수 있다. 뜻이 있는 곳에 길이 있다.

당신이 어떤 방법으로 시작하기로 하든지, 그것은 예배를 '천국 놀이'로 생각하는 데 도움이 될 것이다. 천국에서는 물질과 시간이 모두 영광스럽게 회복된다. 그러므로 그 곳에서 우리는 주로 예배에 전념하게 될 것이다. 단조롭고 지루하며 정형화된 것과는 정반대로, 요한계시록 21-22장에 그려진 예배는 지극히 아름다운 장소에서 드려지며 창조적인 경험들로 가득 차 있다. 눈에 보이는 광경과 소리와 움직임들이 모두 어린양, 그리스도를 중심으로 하고 있다. 이 땅에서의 모든 예배는 전체 리허설과 같은 것으로, 그 자체만으로도 가치가 있지만 좀더 중요한 행사를 준비하기 위한 것이다. 우리는 "천국 놀이를 하고" 있다. 그러므로 배우자에게 함께 놀자고 하는 것은 함께 기도하자고 하는 것과 본질적으로 다르지 않다.

섹스 놀이

섹스와 결혼 생활의 관계는 안식과 일의 관계와 같다. 그것은 결혼 생활의 의미를 찾도록 도와주는 성스러운 중간 휴식이다. 안식을 통해서 우리는 일상의 일이 진정으로 하나님을 위한 일이라는 것을 재발견한다. 섹스를 통해서 우리는 우리가 함께 하는 생활의 여러 사소한 일들이 사랑을 위한 것임을 기억한다. 각각의 경우 우리는 이러한 일들의 의미를 알고서 일상으로 돌아간다.

나는 이미 결혼 생활의 안식이 무언가를 생산하고 성취하려는 강박에서 부부들을 벗어나게 해주는 방법이라는 것을 밝혔다. 성적인 친밀함 역시 이러한 자유를 요구하며, 섹스 놀이는 결혼 생활에서 안식의 한 형태다. 다른 모든 안식의 표현들과 마찬가지로, 이것도 놀이의 형태를 띠어야 한다. 섹스를 잘 해야 한다고 요구하거나, 잘 하지 못하면 어쩌나 하는 두려움이 많은 결혼 생활은 성교를 지루한 의식으로 전락시켜 버리는 것이 분명하다. 그것은 일을 난처하게 만들어 버린다.

서구 사회에서 섹스는 하나의 테크닉, 즉 습득된 기술로 전락해 버렸다. 그러나 성경은 결혼한 성인들이 모든 것을 버리고 어린아이처럼 노는 한 가지 방법으로 그것을 소개한다. 서

툴거나 불만족스러운 성관계로 고민하는 많은 부부들은 일정 기간 만족스럽지 못한 성교를 멈추고 대신에 전희만을 즐기기로 동의함으로써 근본적인 도움을 받을 수 있다. 성경에도 이런 성교의 즐거운 부분을 묘사하는 말이 있는데, 창세기 26:8에서 이삭이 리브가를 애무하는 것을 묘사하는 데 사용된 '챠크'(tsaq)가 그것이다. 흠정역 성경은 이것을 번역하면서 놀이임을 강조하는 '장난하다'(sporting)라는 단어를 사용한다.

성경은 그 가운데 한 권 전부를 언약적 파트너간의 섹스 놀이를 찬양하는 데 바치고 있다. 아가서는 교회에 대한 그리스도의 사랑을 은유적으로 표현하는 것이기도 하지만, 동시에 섹스 놀이라는 하나님의 좋은 선물을 표현하려는 의도를 가지고 있다. 아가서는 아담이 하와를 처음 만났을 때 품었던 기쁨(창 2:23)에 대한 확장된 설명이라고 여겨져 왔다. 몇몇 유대 랍비들은 이것을 잘 이해했고, 그래서 남자들이 40세가 되기 전에는 아가서를 읽지 못하도록 하기도 했다. 너무나 자극적인 책이기에!

다행히도 이름은 잊어버렸지만, 한 나이 든 그리스도인이 언젠가 내게, 마음이 더러운 사람만이 이 책을 교회에 대한 그리스도의 사랑을 비유한 것 외의 다른 것으로 해석할 것이라고 이야기한 적이 있다. 하지만 오히려 그 반대가 사실일 것이다. 섹스라는 하나님의 선한 선물을 기뻐하지 못하는 더러운 마음을 가진 사람이나, 해결되지 않은 성적인 문제로 마음이 오염

된 사람들은 이 본문을 있는 그대로 받아들이지 못하고 영적인 의미로 해석하려고 할 것이다.

아가서는 모든 방법으로 서로를 즐기고 있는 두 사람을 묘사한다. 그것은 상상력에 호소하는 꿈 같은 특징을 가지고 있다. 놀이를 하는 아이들처럼, 내면 세계와 외부 세계가 함께 흘러 넘치고, 어떤 수단에 의해서 제약을 받는 것이 아니라 순수한 기쁨에 의해서 연결된다. 이것은 순수한 로맨스다. 여기서는 하나님만이 정당한 관찰자시며, 그분은(이것이 하나님의 음성을 나타내는 것이라면) "나의 친구들아 먹으라, 나의 사랑하는 사람들아 마시고 많이 마시라"(아 5:1)고 말씀하신다. 하나님은 연애를 승인하실 뿐만 아니라, 그것을 고안한 분이시다.

돌로레스 렉키는 성교는 결혼 언약의 예식이라고 주장했다. 그녀는 성교를 성찬식의 떡과 포도주에 비유했다. 떡과 포도주는 우리가 하나님께 속하였다는 약속을 새롭게 하고 하나님은 우리를 결코 저버리지 않으신다는 약속을 드러내는 물질적인 요소다.[2] 이와 비슷하게, 우리는 침실에서의 사생활을 통하여 매우 현실적이고 인간적인 방법으로, 즉 떡을 반죽하고 포도를 으깨는 것만큼이나 인간적인 방법으로, 우리가 공적으로 맺은 결혼 서약을 새롭게 하고 재확인하고 심화시킨다. 결혼식 날 밤에 한 번 신방을 치르고 그것으로 전부인 결혼 생활은 살아남을 수가 없을 것이다. 언약의 예식은 안식과 마찬가지로, 거듭 되풀이되어야 한다. 우리의 기억력은 좋지 않으므로, 이처럼 강력하게 상기시켜 주는 것들이 필요하다.

하나님을 사랑하는 부부에게는, 성교 자체가 그 강력한 상징성으로 인해서 기도의 한 형태가 될 수 있다고 나는 생각한다. 서로의 몸에 들어가고 다시 들어가는 과정 가운데 우리는 가장 높은 인간적인 차원에서 서로 사귀게 된다. 또한 우리 몸은 영혼과 정신의 껍질에 지나지 않는 것이 아니라 전 자아의 표현이므로, 우리는 인격의 교통을 경험한다(고전 6:15-17). 우리는 서로의 삶에 들어가고 나온다. 교통(intercourse)은 합병(merger)과는 다른 것이다. 두 사람은 자신의 정체성과 개성을 상실함으로써가 아니라, 다른 사람과의 친밀한 연합을 통하여 더 깊게 통합된 자아를 발견함으로써 하나가 된다. 이와 같이 성교는 하나님과 우리의 관계를 보여 주는 강력한 상징인데, 그것은 성교의 연합 가운데 반영되는 관계이다. 그리스도는 합병을 하듯이 우리를 삼켜 버리지 않으시며, 도리어 그가 우리 안에 사시고 우리는 그 안에 사는 것이다. 그리스도인이 경험하는 바의 진수는 그리스도 안에서 우리의 정체성을 상실하는 것이 아니라, 교제하는 것이다.

성교는 본질적으로 개인적이다. 그러나 동시에 그것은 우리로 하여금 우리 자신을 넘어서게 하는 것 같다. 그러므로 기독교 이후 시대(post-christian era)에 서구 문화가 완전한 세속주의로 흘러감에 따라, 성적 행위가 거의 궁극적인 경험으로 찬양받는 것은 놀라운 일이 아니다. 그것은 즉각적이고, 반복 가능하며, 신비적인 경험으로 여겨진다. 나는 말콤 머거리지(Malcolm Muggeridge)가 언급했던, 에로티시즘은 물질주의의 신비주의라는 말을 믿는다. 당신이 물질과 육체에 지나지 않는다면, 그 밖에 달리 무엇이 있겠는가?

많은 종교들이 신들과의 신비적인 연합을 이루려는 시도로써 제의적 매춘부와의 성교를 주창해 온 것도 놀라운 일이 아니다. 많은 원시 종교들이 섹스를 종교적으로 이용한 것은 위험스럽게도 진리에 가까운 것이지만, 비극적으로 진리와 동떨어진 것이다. 그들은 섹스의 놀이성을 상실하였고, 그것을 신들에게 영향을 미치기 위한 일로 만들어 버린다.

그러나 성경에서 결혼 관계는 **기도**의 한 유형이다. 남편은 아내 사랑하기를 그리스도께서 교회를 사랑하심같이 하고(엡 5:25), 아내는 남편 공경하기를 주께 하듯 하라(엡 5:22)는 명령을 받는다. 그리스도는 배우자에 대한 우리의 섬김을 받으시며, 배우자를 통하여 우리를 섬기신다. 하지만 이것은 결혼 생활에서 성적인 사랑을 천국 놀이로 설명하는 한 가지 이유에 불과하다.

아름다운 결혼 생활은 더욱 위대한 것을 암시해 준다. 아직 이루어지지 않아서 애타게 만드는 결혼 약속과 같이, 지금 우리가 그리스도를 경험하는 것도 그러하다. 사도 바울은, 고린도 교회 사람들을 정결한 처녀로서 한 남편인 그리스도께 드리려고 약혼시켰다(개역 한글 성경에는 중매하였다고 번역되어 있다—역주)고 말한다(고후 11:2). 성경 시대의 약혼은 성관계만 없는 결혼이었다. 약혼한 커플은 육체적인 관계를 제외한 모든 면에서 결혼한 것이었다. 약혼을 깰 수 있는 것은 오직 이혼뿐이었다(마 1:19).

그러므로 우리가 이생에서 그리스도를 경험하는 것은 예비 단계로서 불완전한 것으로 그려진다. 우리는 아직 그리스도가 우리를 아시는 것같이 그분을 알지 못한다. 우리는 천국의 결혼식 날을 기다리고 있는데, 그 날은 계시록에 묘사되어 있는, 주님과 함께 완성할 영광스러운 날이다. 예수님의 말씀이 일반적으로 오해되고 있는 것처럼, 천국에는 결혼이 **없는 것**이 아니라(마 22:30), 신자로서 우리의 최종적인 운명은 **결혼뿐이다**. 천국은 끊임없이 이어지는 어린양의 혼인 잔치다(계 19:9). 이런 의미에서 아가서는 그리스도와 그의 신부인 교회의 사랑에 대한 풍성한 비유로 해석될 수 있을 것이다.

결혼은 우리가 천국을 엿볼 수 있는 창이며, 그 창은 안식의 시간들과 더불어 더욱 깨끗해진다. 성교를 통하여 결혼 생활 가운데서 안식을 지키는 특별한 헌신은 우리 주님과 그분의 백성들의 즐거운 연합을 예고해 준다. 그것은 이 땅에서의 결혼을 참된 놀이로, 진실로 천국 놀이로 만들어 준다.

우리는 결혼 생활에서 안식을 누리는 세 가지 방법을 탐구해 왔다. 그것은 제각기 장애물들을 치워 버리려는 시도이며 그렇게 함으로써 하나님은 양적인 시간을 양질의 시간으로 바꾸실 수 있다. 이러한 선물은 두 사람이 하나님께 자신들을 열고 인생의 **모든** 시간을 함께 나눌 준비가 될 때 주어지는 것 같다. 헨리 나우웬은 "영적인 삶은 어떤 특별한 사상이나 생각, 감정으로 이루어지는 것이 아니라 일상 생활의 가장 단순하고 평범한 경험들에 녹아 있는 것이다"라고 말한다.[3]

신약 성경은 직선적이고 물리적인 시간을 나타내는 '크로노스'(*chronos*)와 대조해서, 소망과 의미, 기회와 영원한 중요성으로 충만한 시간을 나타내는 '카이로스'(*kairos*)라는 단어를 사용한다. 결혼 생활의 영성은 함께 경건의 시간을 갖는 것이라기보다는 매일매일 모든 날을 하나님께 드리는 것, 즉 우리의 '크로노스'를 하나님이 '카이로스'로 변화시키실 수 있도록 내어드리는 것이다. 이렇게 하는 가운데 우리의 생활에 평온한 안식이 스며든다. 매덜라인 렝글(Madeleine L'Engle)은 '카이로스'란, "엄청난 기쁨이 '크로노스' 사이에 스며드는, 그것을 경험하는 동안에는 깨닫지 못하고 오직 그 때가 지나서야 깨달을 수 있는" 진정한 시간이라고 말한다.[4]

실천에 옮기기

영적 훈련으로서의 안식은 "천국 놀이를 하기" 위하여 계획된 시간을 포함한다. 우리는 이 점을 우선적으로 다룰 것이다. 그러나 또한 안식은, 언제든지 주어질 수 있는 선물을 기꺼이 받고자 하는 자세를 포함하는 것이기도 하다. 우리가 제안하는 두 번째 연습의 주제는 이것이 될 것이다. 사도 바울은, 어떤 신자들은 어느 하루를 다른 날들보다 더 거룩하게 여기고 다른 신자들은 모든 날을 주의 날로 여긴다고 말했다(롬 14:5). 안식을 온전히 누리기 위해서는 이 두 가지 관점이 모두 중요한데, 결혼 생활에서는 더욱 그러하다.

안식을 계획하기 위한 토론 주제들. 당신이 안식하는 날이 일요일이라면, 그 날을 어떻게 보낼 것인지 부부가 함께 토론하라. 그 날은 휴식을 위한 것인가 아니면 정신없이 종교적 활동을 하면서 보내는 날인가? 일주일에 하루를 휴식의 날로 만들기 위해 할 수 있는 것이 무엇인가? 이 안식의 날을 함께 지킬 수 있도록 당신이 변해야만 하는 것은 무엇인가?

재미있는 놀이를 위해 무엇을 할지 부부가 함께 생각해 보라. 특별하고 천국 같은 느낌으로 함께 논 경험들을 되살려 보라. 함께하는 당신 부부의 삶이 일만 하고 놀이는 없는 것이 되지 않게 하기 위해서 취해야 할 조치는 무엇인가?

예배를 통한 놀이는 안식을 누리는 두 번째 방법이다. 당신 부부가 하나님의 임재 안에서 함께 가졌던 교제의 좋은 기억들을 되살려 보라. 각자에게 예배 활동 가운데서 함께 하나님을 즐거워할 수 있는 최상의 환경이 무엇인지 서로 이야기하라. 이 시간들을 계획하고 보호하라.

성교를 통한 놀이는 부부가 안식을 누리는 세 번째 방법이다. 부부간 애정의 어떤 측면들이 서로의 그리고 하나님과의 친밀함을 깊어지게 하는 데 가장 도움이 되는지 나누면서, 성적인 사랑이 갖는 영적인 측면들에 대해 토론하라. 서두르지 않고 섹스 놀이를 할 수 있는 시간과 장소를 마련하기 위해 무엇을 할 수 있는가? 제거해야 할 장벽들이 있다면, 상대방에게 고백하고 그것들을 어떻게 처리하고 싶은지 궁리해 보라.

인생의 시간을 축하하는 묵상. 안식은 휴식을 위해서만 계획된 시간이 아니다. 그것은 '크로노스'를 '카이로스'에 개방함으로써, 평범한 시간을 '엄청난 기쁨'의 시간으로 변화시키는 것이기도 하다. "세월을 아끼는 것"(엡 5:16)은 우리가 가진 시간을 쥐어짜서 생산성을 극대화하는 것이 아니라, 우리 인생의 모든 시간을 하나님의 임재 가운데 살기로 결심하는 것이다. 그렇기 때문에, 안식은 부부들에게 하루 종일 지속되는, 일주일 내내 지속되는 훈련이 된다. 다음에 나오는 묵상은 당신이 매 순간의 성례에 대해 경건하고 열린 태도를 개발할 수 있도록 고안된 것이다. 이 묵상은 평범한 날 하루를 잡아 개인적으로 한 번에 쭉 끝내는 것이 더 나을 것이다. 그러나 그 후에 당신이 배운 것과 원하는 것, 결혼 생활을 위해서 기도하고 있는 것을 배우자와 함께 나누기 원할 수도 있다. 과거에 남편과 아내로서 지낸 평범한 시간들이 어떻게 거룩한 시간이 되었는지에 대해 당신이 발견한 것들을 나눔으로써 배우자를 북돋울 수 있을 것이다.

1. **기상.** 침대에서 빠져 나오기 전에 잠깐 시간을 내어, 두 명

의 중요한 '타자'(others)에게 속해 있는, 즉 하늘에 계신 언약의 배필과 당신의 배우자에게 속해 있는 이 하루를 시작하는 것에 대해 하나님께 감사하라. 오늘 하루 당신은 언약을 누릴 수 있다.

2. **하루를 준비하기**. 씻고 옷을 입고 마음을 정돈하라. 당신이 오늘 하루 행하고 성취하고자 하는 일들에 대한 생각으로 마음이 동요하도록 내버려두지 말고, 배우자를 위해서 잠깐 경건한 마음을 가지라. 오늘 당신의 배우자는 무엇을 하는가? 당신의 배우자는 누구를 만나는가? 오늘 당신의 배우자가 겪게 될 곤경이나 문제들은 무엇인가? 오늘 하루 동안 배우자가 당신의 기도 지원을 가장 필요로 하는 시간은 언제인가? 이 새로운 날 가운데 여러분 두 사람보다 앞서 가시는 하나님께 감사드림으로써, 오늘 하루 당신의 배우자를 하나님께 맡기라.

3. **경건의 시간**. 대부분의 사람들은 매일매일 성경을 읽고 기도하는 시간을 개발할 필요가 있다. 잠시 동안 하나님의 말씀을 읽고 기도하면서, 특별히 배우자의 은사 가운데 한 가지, 즉 사람들이나 상황들과 관계를 맺는 독특한 영성이나 방법 같은 것을 놓고 하나님께 감사하라.

4. **아침 식사**. 이 시간은 가족들이 최고로 분주한 시간일지도 모른다. 모든 사람들의 그 날 일정이 어떻게 일치하고 충돌하는지 이 순간에 생각해 보라. 당신의 배우자와 가족 구성원 각 사람이 이 세대를 본받지 말고 그들의 마음을 새롭게 함으로

변화를 받도록 기도함으로써, 그들을 하나님께 산 제사로 드리라(롬 12:1-2).

5. **일**. 일과 시간의 전형적인 활동들에 대해 생각해 보라. 곤경이나 도전이 되는 문제들을 깊이 생각하라. 당신은 지금 이 세대의 정사와 권세들에 빠져 있다. 취소할 수 없는 언약 가운데 하나님과 배우자에게 속해 있는 사랑받는 배필로서 이 하루를 살아가도록 하라. 당신은 사랑받고 소중히 여김받는 존재이다. 당신을 둘러싸고 있는 정사와 권세들이 당신으로 하여금 업적을 통해서 당신의 자아와 정체성을 규정하게 만들도록 내버려두지 말라. 당신은 당신을 사랑하는 사람이 알고 있는 바로 그 사람이다.

6. **놀이**. 당신은 오늘 놀이를 할 것인가? 자녀가 있다면, 그들은 당신이 놀이의 기쁨을 다시 배울 수 있도록 도와줄 것이다.[5] 오늘 배우자와 함께 노는 것을 상상할 수 있겠는가? 그렇게 놀았던 시간들을 기억할 수 있는가? 당신이 이미 가지고 있는 천진난만함에 대해 감사하는 시간을 가지라.

7. **휴식**. 몹시 힘겨웠던 하루가 끝나고 남편과 아내가 함께 소파에 쓰러져 있을 때, 함께 커피를 마실 때, 가족 소풍을 갔을 때, 발라야 할 벽지를 밀어 놓고 아무것도 하지 않을 때, 또는 그 날 하루 하나님의 선하심을 생각하면서 침상에서 함께 기도할 때 안식이 찾아올 수 있다. 하나님이 당신을 통하여 일하고 계신다면 그것은 일하는 중간이나 정신이 '혹사'당하고 있을

정도로 집중적인 사역의 중간에도 찾아올 수도 있다. 휴식을 경험하는 열쇠는 그것을 계획하는 것이 아니라(그렇다면 시간을 관리해야 하는 자원으로 다루는 셈이기 때문이다) 그것을 선물이나 은혜로 다루는 것이다. 기쁘게 휴식을 맞이하라. 그저 받아들여라. 시간을 선물로 취급할 때, 그리고 시간에 대한 우리의 경험에 감사가 깃들 때, 대부분의 시간은 초월을 경험할 수 있는 잠재력을 가지게 된다. 마이클 쿠오이스트(Michael Quoist)는 이것을 다음의 시로 아름답게 표현한다.

주님, 제게 시간이 있습니다.
풍성한 시간이 있습니다.
주님이 제게 주신 모든 시간이.
제 인생의 그 여러 해들,
그 여러 해의 수많은 날들,
그 수많은 날들의 시간들,
그 모두가 제 것입니다.
평온하고 고요하게 채워질,
그러나 넘치도록 온전하게 채워질 제 것입니다.
그것을 당신께 드리면, 당신은 그 무미건조한 물을
귀중한 포도주로 빚으실 것입니다.
갈릴리 가나에서 하셨듯이.[6]

8. **귀가**. 하나님은 당신과 당신의 생활 모두를 하나님께 드리는 찬양의 제사로 받으셨다. 하나님의 영광을 위하여 인생에서 흔히 있는 모험들을 감사하는 마음으로 헤쳐 가는 것보다 더 직접적으로 하나님께 나아가는 방법이 없음을 기억하고 특별히 하나님께 감사하라. 그러면 당신은, "내가 모든 일에…일체의 (자족하는) 비결을 배웠노라"(빌 4:12)는 바울의 고백을 할 수 있게 될 것이다. 당신은 또한 배우자를 영혼의 동반자로 삼는 것에, 그리고 평범한 시간이나 '크로노스'의 시간이 양질의 '카이로스'의 시간이 될 수도 있다는 것을 발견하는 것에서, 의미 있는 진보를 이루었을 것이다.

# 4

피정 고독을 공유하기

톰과 캐서린은 그들의 전문적인 직업에서 성공을 거두었지만, 1년 정도 성경적이고 영적인 기초를 세우기를 원했고, 그래서 내가 가르치고 있는 리전트 칼리지에 오기로 결심했다. 1년이 지나고 나면, 그들은 각자의 세속 직업으로 돌아가서 온전히 하나님을 위하여 살아갈지, 아니면 전문 사역에 종사할지를 결정할 것이다. 우리 학교의 다른 많은 학생들과 마찬가지로, 그들도 학교에 오기 위해 모든 것을 처분하였고, 이제 "다음은 뭐지?"라는 질문에 직면해 있었다. 그들은 아직 그 대답에 합의를 보지 못했다.

나는 교과 과정의 일부로서, 결혼한 학생들에게 성령 안에서 함께하는 그들의 삶을 더욱 깊이 있게 하기 위해, 같이 피정을 떠나도록 권면한다. 그것은 "지역 교회 안에서 튼튼한 결혼 관계를 세우기"라는 제목으로 내가 가르치고 있는 과목의 과제이다. 나는 톰과 캐서린이 피정을 통하여 미래의 계획에 대한 공동의 결정을 내리는 데 두 사람의 의견을 좁힐 수 있을 것이라고 생각했다. 다른 사람들이 비슷한 모험을 감행할 수 있도록 힘과 용기를 주기 위해서, 그들은 내가 그들의 피정 일지를 함께 나누도록 허락해 주었다. 다음에 인용된 그들의 일지를 읽으면서, 부부 피정에서 중요한 차원들을 주목하여 보라.

톰과 캐서린은 미래에 대한 주님의 뜻을 깨닫기 위해서 일상적인 환경으로부터 완전히 떠날 필요가 있었다. 그들은 밴쿠버 섬에서의 주말 여행을 선택했다. 게일과 나는 이따금씩 우리 지방에 있는 수도원의 방문객 숙소를 찾아간다.

그들의 피정은 처음에는 약간 어색했다. 부부들은, 좀더 깊은 친교를 나누게 될 때까지 일어나기 마련인 초기의 이런 어색함을 잘 넘기기로 결심해야 한다. 때로는, 따로 떨어져서 개인적으로 기도하면서 시작하는 것이 함께하기 전에 균형 잡힌 시각을 갖고 하나님께 집중할 수 있도록 도와준다.

무장을 해제해 가는 동안, 톰과 캐서린은 일상의 분주함에서 벗어나 서로에 대해 좀더 진실해질 수 있었다. 헨리 나우웬은 "고독이 없이는 진정한 인간이 있을 수 없다"고 말하였다.[1] 또한, 함께 고독을 공유하지 않고는 진정한 결혼 관계가 있을 수 없다. 많은 부부들이 이러한 진실을 두려워해서 항상 자녀들이나 다른 부부들과 함께 여행을 떠난다.

톰과 캐서린은 현명하게도 **감사**에 집중하였다. 그들은 함께 하나님께 감사함으로써, 불만족을 극복하고 진로 문제를 바른 시각에서 볼 수 있었다.

육체적인 접촉은 피정에서 정상적이고도 발전적인 부분으로 보였다. 어떤 부부들은 극도로 어려운 시기에는 성적 금욕이라는 별 인기 없는 훈련을 실행하여 도움을 얻기도 하는데, 이 주제에 대해서는 별도의 장에서 연구할 것이다. 당신은 톰과 캐서린이 피정을 가진 다음 주에 금식하였다는 것에 주목하게 될 것이다.

가장 중요한 작업은 실제로 피정에서 돌아온 다음에 이루어졌다. 짧은 기간의 피정은, 새로워진 시각을 가지고 평범한 일상 생활로 돌아오는 훈련과 연결되지 않으면 위험할 수도 있다. 톰과 캐서린은 **이상적인 환경 가운데 있는 동안**, 공동의 영적 여정을 지속해 가기 위한 계획을 세웠다. 그리고 그들은 일지를 남김으로써, 하나님이 그들 두 사람을 함께 찾으신 것의 열매들을 보존할 수 있었다.

톰의 피정 일지

우리가 함께 해야 하는 연구 과제가 있는데, 그것은 우리의 영적인 우정을 확립하기 위해 특별히 계획된 것이다. 하나님은 홀로 이 시간을 준비하기 시작하셨다. 수업이 없는 기간이었고 친구 하나가 자진해서 우리 아이들과 함께 있어 주기로 해서, 우리는 며칠 동안 여행을 떠날 수 있었다. 여행을 계획하는 동안 우리의 결혼 생활에 새로움과 흥분이 스며들기 시작했다. 우리 두 사람이 오직 하나님과 함께 있으면서, 기도 가운데 하나님을 찾고 하나님과 서로에게 좀더 가까이 가기 위한 시간을 갖는 것이다. 영적으로, 정서적으로, 육체적으로 다시 잘 알게 되기 위한 시간―우와, 피정이라니! 우리는 진정으로 새롭게 하고 기운을 회복시켜 주는 시간을 기대하면서 빅토리아 섬으로 떠났다.

페리를 타고 가는 동안 우리 대화에는 활기가 느껴지지 않았다. 깊이가 없는, 단지 피상적인 이야기들을 나누었을 뿐이다. 우리는 그저 손을 잡고 하나님이 지으신 세상의 아름다움에 압도되며 그것을 즐기고 있었다. 우리는 「영혼의 친구, 부부」(이 책의 초고)를 함께 읽었고, 몇 군데를 다시 읽고 토론하기 위해 가져왔다. 우리가 빅토리아 섬 주변을 드라이브하면서 나누었던 대화들은 많은 경우 이 책에 나오는 주제들로 시작되었다.

우리는 부차트 식물원에 가서 갖가지 정원에서 손을 잡고 산책을 하며 사진도 찍으면서, 오후 시간을 보냈다. 이야기를 나누다 보니, 우리는 하나님이 우리의 삶을 위해 가지고 계신 계획에 대한 대화로 점점 더 깊이 들어가게 되었다. 우리는 우리가 어떤 점에서 하나님과 함께 거하고 있고, 하나님이 어떤 점에서 우리와 관계를 맺으시는지를 같이 이야기했다. 우리의 상황에 대해 심층에 깔린 감정들을 이야기하고 나누면서, 우리는 하나님이 우리에게 얼마나 자비로우신지, 우리가 하나님의 자녀라고 일컬음을 받을 수 있게 허락하신 은혜가 얼마나 큰 것인지 깨닫고 압도되었다. 우리는 정원을 걸으며 웃기도 하고 울기도 하면서 과거를 돌아보기 시작했다.

이미 가을이 되어 다가올 겨울을 준비하는 시기였던 그 날은 식물원을 찾은 사람들이 많지 않았다. 나는 우리가 서로에 대한 태도를 바꿀 필요가 있다는 느낌이 들었다. 우리는 우리가 상대방을 바꾸고자 하는 방법대로가 아니라, 오직 하나님이 원하시는 대로 변하기를 바라야 한다. 우리는 오직 하나님의 빚으심과 만드심과 그분에게로 불러내심을 통해서만 더 깊은 하나됨과 영적인 우정에 이를 수 있다.

우리의 대화는 서로에 대한 개인적인 관계로부터 하나님과의 관계로 흘러갔다. 마치 물의 온도가 적당한지 알아보기 위해서 물 속을 점검하기라도 하듯, 그것은 약간 민감한 일이었다. 하나님에 대한 우리의 생각과 비전, 그분과의 개인적인 친밀함에 대해 함께 이야기를 나누면서 우리는 각자 상대방의 반응을 살피고 있었다. 서로의 반응을 테스트한 후에 우리는 계속해서 서로의 감정을 더욱 자세히 탐구했다. 우리는 개인적인 삶의 영역으로 전진해 가고 있었는데, 결과적으로 생길 수도 있는 두려움과 고통을 이유로 전에는 전혀 논의해 보지 않았던 부분들이었다. 정원들 사이를 다 산책했을 무렵, 우리의 대화는 훨씬 밝아져 있었고, 우리가 머물기로 한 숙소에 들어갈 채비를 했다. 그 곳은 도시의 거의 중앙에 위치해 있는, 오래되었지만 수리를 한 집이었는데, 숙박과 아침 식사가 가능한, 우리 필요에 넘치는 곳이었다.

우리는 긴장을 풀고 하나님과 서로에게 가까워지는 것 말고는 다른 일들을 모두 잊고서, 잠시 그 곳에서 쉬었다. 오, 얼마나 기분 좋은 낮잠이었는지! 우리는 잠에서 깨어, 하나님이 우리에게 공급해 주신 모든 것들과 우리를 향한 그분의 사랑, 그리고 이 특별한 시간을 허락해 주신 것에 감사드리며 함께 기도했다. 우리는 또한 하나님이 우리의 생각과 대화를 인도해 주시도록 기도드렸다.

저녁 식사는 멋진 레스토랑에서 했는데, 함께 훌륭한 음식을 즐기고, 나란히 앉아서 배들이 항구에 들어오고 나가는 것을 지켜보았다. 우리는 사랑스러운 손길로 서로를 어루만지며, 마치 신혼 여행을 온 것처럼 서로를 대하고 있었다. 하나님이 이 아름답고 훌륭한 여인을 남은 평생 함께하도록 주셨다는 것을 깨닫는 것만으로도, 정말 멋진 기분이었다. 나는 우리를 맺어 주신 분이 하나님이라는 것을 다시 상기했다. 우리가 연합해서 날마다 추구하고 가까이 갈 분도 **하나님**이어야만 한다. 내가 느끼기에 이제 막 꽃이 피기 시작했고 곧 하나님이 보시기에 귀하고 순결한, 아름다운 관계로 그 꽃을 활짝 피울 이 관계로 인해서 하나님께 너무나 감사했다. 하지만, 이 결혼 생활이 깊은 관계로 발전하고 하나님의 면전에서 영원히 지속될 꽃을 피우기 위해서는 물과 양분과 기름진 토양이 있어야만 한다.

나는 캐서린의 냅킨 밑으로 카드 한 장을 밀어 넣었다. 나는 그 카드를 사서, 그녀를 사랑한다는 표시로 시 한 편을 적어 두었다(내 첫 번째 시! 얼마나 현기증이 나던지!). 그녀는 카드를 받고 깜짝 놀랐고, 시를 보고는 충격을 받았다. 이것이 그녀에게 큰 의미가 있었다는 것은 분명하다. 미소를 지으며 내 손을 꼭 잡고 그것을 반복해서 읽을 정도였으니까.

우리는 식사를 하면서 이야기를 나누고, 서로에게 몇 가지 어려운 질문들을 계속했다. "하나님은 우리가 리전트를 떠나서 어디로 가기를 원하시는 것 같아요?" 나는 특히 이 질문에 신경이 쓰였는데, 아직도 확신이 없었기 때문이었다. 하지만 캐서린은 우리가 전임 사역을 하게 되리라는 생각이 든다는 좀 더 명확한 대답을 가지고 있었다. 어쨌든 나는 그렇지 않았고, 우리는 일단 그 논의를 잠시 접기로 했다. 우리는 맛있는 식사를 즐기면서 아이들과 관련된 다른 생각들을 했고 천천히 여유로운 시간을 가졌다. 저녁 식사 후에는 항구 주변의 시내를 거닐면서 우리를 둘러싼 창조 세계에 대해 이야기를 나누었다. 우리가 하나님 나라의 한 부분이 되도록 허락해 주신 하나님은 얼마나 놀랍고 능력 있고 은혜로운 분인지! 사람들에게 도시를 건설하고 그 가운데 거할 수 있는 능력을 베풀어 주신 하나님은 얼마나 위대한 분인지! 이제 우리는, 우리를 둘러싸고 있는 하나님의 이 모든 창조물을 바라보면서, 우리가 얼마나 곤궁한 사람들인지 깨닫게 되었다. 우리는 함께 거닐면서 서로 손을 잡고 기도했고, 그 순간 나를 삼켜 버린 성령의 강력한 능력으로 인해 눈물을 흘렸다. 하나님의 말씀을 연구하고 하나님과 서로에게 진실로 가까이 다가가게 하기 위해 캐서린과 나를 이국 땅으로까지 보내신 우리 하나님은 진정 얼마나 굉장한 분인지!

공원을 거닐고 도시의 거리를 걸어 내려오는 동안 저녁 공기가 쌀쌀했기 때문에, 우리는 몸을 덥히기 위해 차와 커피를 마실 수 있는 다른 레스토랑으로 들어갔다. 우리 삶에서 가장 중요한 관계를 맺고 있는 것은 누구이며 무엇인지에 대해 이야기를 나누면서 우리의 대화는 다시 깊어졌다. 나는 하나님이 가장 중요한 분이시고, 그 다음이 캐서린과 아이들이라고 생각된다고 말했다. 하지만 때로는 내가 그 순서를 거꾸로 놓는다는 사실을 알게 되었다. 그래서 우리는 이 관계들 하나 하나에 대해 그리고 어떻게 그것들이 영원한 기초 위에서 내 삶 가운데 조화를 이루어야 하는지에 대해 토론했다. 우리는 함께 하나님을 추구하기로 동의했다. 이것은 우리가 앞으로 살아가는 날들 동안 함께 노력을 기울여 지켜야 할 약속이었다.

그 저녁이 끝나갈 무렵, 우리는 깊고 친밀한 사랑을 느꼈고 그것을 표현하고 싶었다. 우리는 팔짱을 끼고 방으로 들어갔다. 우리는 침대에 걸터앉아 손을 잡고, 그 날 하루를 하나님께 감사하고, 우리의 실패를 고백하고, 우리의 삶과 결혼 생활의 주인이신 하나님의 존재로 인하여 우리가 얻을 수 있었고 앞으로 얻게 될 성공들을 기뻐했다.

캐서린의 일지: 그 다음 주

빅토리아 섬에서 이야기하고 기도하고 묵상하면서 보낸 주말 이후에, 톰과 나는 월요일에 금식하면서 함께 하나님을 추구하기로 하였다. 우리는 금식하고 기도하며 지낸 이 한 주간이 어떤 효과를 가져올지 한 번도 상상해 보지 않았다. 그 주간은 힘겹고 극도로 긴장되고 정서적으로 부담스러웠지만, 놀라운 자유를 경험한 주간이기도 했다.

월요일 아침에는 매일 갖는 우리만의 조용한 묵상 시간으로 시작해서, 합심 기도의 시간을 가졌다. 오후에는 우리의 미래에 관해 논쟁으로 점철된 깊이 있는 대화를 나누었다. 우리는 하나님과 그리고 서로간의 친밀한 교제를 나누는 데 장애가 되는 것들을 제거해 달라고 하나님께 간구했다. 하나님은 월요일 오후부터 이 일을 시작하셨다. 하나님은 심각하게 곪아 있으면서도 깊이 감추어져 있는 상처들을 드러내시고, 우리가 쏟은 엄청난 눈물 가운데서 부드럽게 독을 짜 내셨다. 그 저녁은 내가 수 년 동안 숨기고 있었던 쓰라린 상처에 대해 톰에게 용서를 베풀고 하나님의 용서를 받는 시간이었다.

화요일에 우리는 서로를 재확인하였다. 그리고 수요일은 하나의 장애물을 인식하게 된 시간이었다. 나는 톰과 하나님을 향한 배신감과 분노를 처음으로 소리내어 말할 수 있었다. 나는 우리가 리전트를 떠날 때 어떤 형태로든 전임 사역을 하게 될 것이라는 생각을 가지고 피정을 떠났었다. 나는 하나님이 이 소망을 내 마음에 심으셨다고 믿었는데, 아무 일도 일어나지 않은 것이 화가 났다. 또한 톰이 이 쪽으로는 생각과 마음을 닫고 있다는 것 때문에, 그리고 나로 하여금 다른 쪽으로 믿도록 유도했다는 것 때문에 그에게도 화가 났다. 나는 사역을 준비하기 위해서 모든 물질적인 소유를 기꺼이 포기하였는데, 지금은 속은 기분이 들었다. 기도를 할수록, 더 많은 눈물이 쏟아졌다. 나는 내 소유물을 조건부로 하나님께 드렸던 것이다. 나는 자백을 했고 하나님과 톰의 용서를 받았다. 그러자 톰은 자신의 닫힌 마음을 고백할 수 있었고, 우리는 회개와 용서로 하루를 마쳤다.

금요일에 나는 한 경건한 자매에게 기도 상담을 받으러 갔다. 그것은 두려울 정도로 굉장한 경험이었다. 성령님은 내가 쓸데없이 짊어지고 있었던 무거운 짐을 예수님께 내려놓을 수 있게 해 주셨고, 내 삶 가운데서 깊은 치유가 일어났다. 예수님은 내가 오랜 세월 끌어안고 있었던 고통을 가져가셨다. 하나님과 톰과 더불어 관계를 맺는 데 장애가 되었던 그 상처를….

나는 내 치유의 경험을 톰에게 이야기하는 것이 두려웠다. 그리스도가 내 짐을 하나 하나 가져가시는 모습을 내가 눈으로 보듯 선명하게 보았던 것에 대해 그는 어떻게 생각할까? 집에 도착해서 톰에게 이야기했을 때, 그는 내 마음의 변화를 눈치 채고 기쁨에 동참해 주었다. 며칠 내로, 톰도 기도 상담을 받으러 갔고, 비슷한 치유를 경험했다. 이것은 우리를 자유롭게 하고 함께 하나 되어 하나님과 더욱 가깝게 교제를 나눌 수 있도록 해주었다.

여정은 계속되고

캐서린과 톰은 마침내 경영 컨설팅 분야에서 함께 일하게 되었다(그들은 일하면서 사역하였던 브리스길라와 아굴라의 예에서 영감을 받았다, 행 18:1-4, 26; 고전 16:19). 그들은 자영업으로 그 일을 하였기 때문에, 다른 사역들을 위한 상당한 시간을 낼 수 있었다.

그러나 모든 부부들이 어떤 결정을 내리는 데 위기를 경험할 때까지 기다렸다가 피정을 떠나야 하는 것은 아니다. 어떤 결혼 관계이든 다른 관점에서 상황을 바라보기 위해 평범한 일상 생활의 압박으로부터 옆으로 비켜날 시간과 장소가 필요하다.

실천에 옮기기

이 훈련에 들어가기 위해서 풀어야 할 네 가지 문제가 있다. 시간, 장소, 비용 그리고 프로그램이 그것이다.

시간. 대부분의 부부들은 단지 24시간의 여행을 떠나더라도 수 주 전에 미리 계획을 해야 할 것이다. 캐서린과 톰은 대학의 휴가 기간을 황금의 기회로 삼았다. 게일과 나는 크리스마스 직전 정신없이 바쁜 시기 중에 2-3일을 내서 멋지고 중요한 휴식을 가질 수 있었다. 수 년 동안 우리가 서로에게 주는 크리스마스 선물은 '시간'이었고, 바로 지난 크리스마스 이전에 훌륭한 호텔에서 보낸 휴가는 이 선물을 되찾는 귀중한 기회가 되었다. 근무 시간을 자유롭게 조정할 수 있는 직업이라면, 자녀들을 돌보는 문제가 좀더 쉽게 해결될 수 있도록 학교 수업이 있는 주중에 피정을 계획할 수 있다.

장소. 이것은 해결하기가 좀더 어려운 문제다. 호텔은 많이 있지만, 항상 묵상을 할 수 있는 환경을 제공해 주는 것은 아니다. 대부분의 수도원에는, 기도할 수 있는 환경을 원하는 부부들에게 훌륭한 피정 장소가 되어 줄 방문객 숙소가 있다. 신부님이나 수녀님들은 좋은 분위기를 조성하고 영적인 상담을 해 주어 매우 도움이 되는 경우가 많다. 톰과 캐서린은 다른 도시로 짧은 여행을 떠나 침실과 아침 식사를 제공하는 한 가정에 머물었다. 어떤 부부들은 집을 서로 바꾸거나 시골 별장을 나누어 쓰기도 한다. 고독을 공유하는 피정을 위해서 지역 교회가 부부들이 갈 수 있는 장소를 제공하는 것도 훌륭한 사역이 될 것이다. 시골에 오두막이나 별장을 가지고 있는 교인들은 여행을 갈 형편이 안 되는 다른 사람들에게 자신의 자산을 제공해 줄 수 있다. 이제 세 번째 장애물인 비용을 보자.

비용. 지역 교회의 부부들이 협력하면, 돌아가면서 상대방의 자녀들을 돌보아 주는 방법으로 아이를 맡기는 데 드는 많은 비용을 줄일 수 있다. 사람들이 휴가 중일 때 그 집을 이용할 수 있게 하는 것도 경제적으로 자원을 활용할 수 있는 또 다른 방법이다. 나는 극히 제한된 자원만을 가지고 있는 부부들이 '십일조'의 일부를 이 일을 위해 사용하는 것을 고려해야 한다고 믿을 정도로, 하나의 영적인 훈련으로서 결혼 관계를 누리는 것은 정말 중요하다고 확신한다. 성경에도 이러한 예가 있다. 신명기 14:24-26은, 예루살렘에서 너무 멀리 떨어져 살고 있는 사람들은 십일조로 드리는 짐승들을 예루살렘으로 가져갈 은으로 바꾸어도 좋다고 설명한다. 일단 거룩한 도시에 가면, 그들은 "우양이나 포도주나 독주 등 무릇 네 마음에 원하는 것을 구하고 거기 네 하나님 여호와의 앞에서 너와 네 권속이 함께 먹고 즐거워"하기 위해서 십일조를 사용할 수 있다. 이 경우 십일조는 예배자들의 가족이 하나님의 선하심을 기념하며 누릴 수 있게 해주었다. 물론 이것이 생계를 십일조에 의지하고 있는 레위 지파 사역자들을 지원하지 않는 데 대한 변명이 되어서는 안 된다(14:27). 그러나 십일조를 부부 피정을 위해 사용하는 것이 "하나님의 것을 도적질하는"(말 3:8) 것이기는커녕, 개인적으로 나는 주님의 다른 사역들을 위한 자금을 조달하기 위해서 하나님 앞에서 우리의 결혼을 온전히 기념하는 일을 희생시키는 것이 "하나님의 것을 도적질"하는 것이라고 믿는다. 부부 피정은 주님의 일이다.

프로그램. 대부분의 부부들은, 톰과 캐서린처럼 고독을 공유하는 피정을 시작하면서 일정을 짤 필요가 있다. 특히, 짜여지지 않은 시간을 불편하게 느끼는 부부들이라면 더욱 그러하다. 간단한 계획을 통해서, 함께 주님을 추구하고자 하는 목적에 초점과 명확성이 부여된다. 톰과 캐서린은 진로에 대한 결정을 내려야 하는 그들의 필요에 기초한 일정 계획을 가지고 있었다.

게일과 내가 우리 지역에 있는 수도원에서 부부들의 영적 우정을 위한 주말 프로그램을 인도할 때면, 금요일 저녁 우리는 영적인 우정에 대해 몇 가지 실제적인 이야기를 나누는 것으로 아주 부드럽게 시작한다. 그 다음에는 우리 부부나 다른 부부가 "배우자의 영성을 기꺼이 받아들이기"와 같은 주제로 일련의 짧은 발표를 한다. 각각의 간단한 서론의 강연 이후에는 한 시간 정도의 부부 대화 시간이 이어지는데, 다음에 나오는 스무 개의 질문과 같은 요강을 사용한다. 이 주제들을 모두 다루는 데는 온 주말이 소요된다. 금요일 저녁에 문제 1-3번, 토요일에 문제 4-15번, 일요일 아침에 문제 16-20번을 다룬다. 많은 부부들이 자신의 배우자를 위하여 홀로 중보 기도를 하며 보낸 한 시간이 그 주말 프로그램에서 가장 의미 있는 시간이었다고 고백한다. 우리는 항상 성찬으로 프로그램을 마치는데, 앞으로 보게 되겠지만 그것은 믿는 부부들이라면 누구든지 개인적인 피정에서도 기념할 수 있는 것이다. 우리가 주말 소그룹에서 사용하는 질문들을 개인적인 피정에서도 사용할 수 있다. 주말에 시간을 내어 이 질문들을 활용하도록 계획하는 것도 좋을 것이다. 먼저 각각의 배우자가 혼자서 그 질문들에 대답해 본다. 그렇게 하는 데 오전 시간이 모두 소요될 것이다. 그러고 난 후에 자신의 대답을 배우자와 나누고 당신이 알게 된 가장 중요한 것들에 대해 기도할 수 있다. 이 책 전체가 부부 피정을 위한 안내서로 사용될 수도 있다. 모든 피정이 그러하듯이, 이렇게 해서 깨닫게 된 것들의 가치를 보전하기 위해서는 후속적으로 해야 할 일들을 차근차근 계획해야 한다.

영적인 동반자가 되기

1. 당신 부부가 공유하고 있는 것에 감사하는 것은 무엇인가?
2. 더 좋은 친구가 되기 위해서 당신이(당신의 배우자가 아니고) 가장 노력해야 할 필요가 있는 영역은?
3. 부부의 우정을 향상시키도록 도울 수 있는 공동 활동은 무엇이 있을까?

배우자의 영성을 기꺼이 받아들이기

4. 두 사람의 영성에서 가장 심각하게 차이가 나는 영역은 어디인가?
5. 부부가 서로 다르기 때문에 결혼 생활에서 좋은 점 한 가지를 든다면?

6. 당신이 하나님과 동행하는 영역에서 당신의 배우자가 어떻게 해준다면 당신이 훨씬 더 '기꺼이 받아들여지는' 느낌을 갖게 되겠는가?
7. 당신이 성장할 수 있도록 배우자가 기도해 주길 부탁하는 영역은 무엇인가?

배우자를 위한 중보 기도
8. 배우자를 위하여 드리는 기도에 대한 몇 가지 제안
   a. 7번 문제에 대한 배우자의 대답을 놓고 기도하라.
   b. 15분 동안, 자신의 배우자로 인하여 하나님께 감사하는 기도를 세세하게 드리라.
   c. 당신의 배우자를 하나님이 어떻게 보시는지, 즉 그리스도 안에서 배우자의 온전한 모습을 보여 달라고 간구하라. 당신의 배우자를 날마다 그렇게 바라보기 위해서 당신 안에서 변화해야 하는 것은 무엇인지 보여 달라고 기도하라.

함께 기도하기
9. 당신이 배우자와 함께 기도하는 것을 가장 편안하게 느끼는 때는 언제인가?
10. 당신 부부가 함께 기도하기를 시작하려면(또는 한 단계 진전하려면) 어떻게 해야 한다고 믿는가?
11. 아무 거리낌없이 배우자와 함께 기도하기 위해서 당신이

극복해야 하는 가장 중요한 문제는 무엇인가?

과거와 현재를 치유하기

12. 그리스도 안에서 함께 살아가는 당신 부부의 삶에 영향을 미치고 있는 인생의 가장 중요한 경험은 무엇인가?
13. 특별히 당신의 내면에서 치유하심이 있도록 배우자가 어떻게 기도해 주기를 원하는가?

함께 하나님의 뜻을 분별하기

14. 어떤 점에서 당신 부부가 이미 주님을 인도자로 경험해 왔다고 믿는가?
15. 앞으로 하나님이 인도해 주실 것을 위해 함께 기도할 필요가 있는 영역은 무엇인가?

함께 하나님을 섬기기

16. 두 사람이 함께 하나님을 가장 잘 섬길 수 있는 부분은 무엇인가?
17. 기독교 봉사와 사역은 어떤 점에서 부부 관계에 위험 요소가 되고 있는가?

함께 하나님의 영광을 위해 살아가기

18. 결혼 생활에서 하나님을 영화롭게 하기 위해 하고 싶은 일

은 무엇인가?
19. 당신이 하나님을 예배할 수 있도록 배우자가 어떻게 도와주기를 원하는가?
20. 함께 하나님을 예배할 수 있는 시간을 정하자.

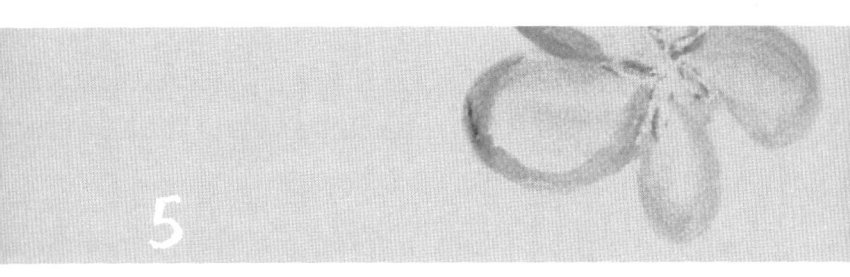

5

공부 함께 하나님의 말씀을 듣기

무언가를 볼지 말지를 결정하는 것은, 눈을 떴다 감았다 하는 것만큼이나 간단한 일이다. 사실, 그냥 눈을 뜨고 있는 것이 더 쉽다. 그래서 우리는 시야에 들어오는 거의 모든 것을 본다. 그러나 들을지 말지를 결정하는 것은 훨씬 더 복잡하고 내적인 마음의 문제이다. 심지어는 귀를 활짝 열고도 듣고 싶지 않은 것을 걸러 내거나, 들은 것을 우리 기대에 맞게 바꾸어 버린다. 편리하게도 우리의 자존심과 환상을 건드리는 소리는 전혀 들리지 않는다.

공부는 이 점에서 우리에게 도움을 줄 수 있는 훈련이다. 부부가 함께 공부를 할 때, 그들은 단지 같은 내용을 접하는 것만이 아니라, 하나님과 배우자의 음성을 귀담아 듣는 법을 배우게 된다. 이 장에서 우리는 이러한 훈련을 개발하는 세 가지 방법을 살펴볼 것이다.

함께 경건 서적 읽기

영감을 주는 책을 함께 읽는 것은 결혼 생활의 훌륭한 자산이 될 수 있다. 아이들이 어렸을 때, 게일은 월요일 저녁 늦게 다림질을 하곤 했다. 그 시간은 우리가 함께 읽고 있는 책의 한 부분을 내가 읽어 줄 수 있는 좋은 기회였다. 이제는 아이들이 다 자라서 그보다는 다른 시간이 더 적합하다. 한 번에 한 장의 일부만 읽더라도 그것은 많은 부부들에게 커다란 진보가 된다.

함께 읽기 좋은 책들로는 오스왈드 챔버스(Oswald Chambers)의 「주님은 나의 최고봉」(*My Utmost for His Highest*, 두란노 역간), 로렌스 형제(Brother Lawrence)의 「하나님의 임재 연습」(*The Practice of the Presence*, 두란노 역간), 디트리히 본회퍼(Dietrich Bonhoeffer)의 「신도의 공동 생활」(*Life Together*, 대한기독교서회 역간), 결혼 생활의 영성에 대해 기독교 저자가 쓴 최고의 책인 마이크 메이슨(Mike Mason)의 「결혼의 신비」(*The Mystery of Marriage*, 진흥 역간)가 있다. 르우벤 P. 조브(Reuben P. Job)와 노먼 쇼우척(Norman Shawchuck)이 쓴 「사역자와 봉사자들을 위한 기도 가이드」(*A Guide to Prayer for Ministers and other Servants*, Upper Room)도 또 하나의 훌륭

한 자료다. 특히, 이 책은 전문 사역을 하는 부부들에게 유용하다. 헨리 나우웬의 「창조적인 사역」(*Creative Ministry*, Image)은 기독교의 섬김에 관여하고 있는 부부들을 위한 깊이 있는 책으로서, 개인 영성과 대중 사역을 연결시켜 준다. 돈 포스트마의 「하나님을 위한 공간: 기도와 영성의 연구와 실행」(*Space for God: The Study and Practice of Prayer and Spirituality*, Bible Way)은 성경에 기초한 훌륭한 자료들과 질문, 생각을 일깨우는 인용문들을 수록한 편리한 기도 연구서다.

지금 읽고 있는 이 책도 한 주에 한 장씩, 10주에 걸쳐서 함께 읽을 수 있을 것이다. 시간을 내는 것이 항상 쉬운 일은 아니지만, 다림질이나 설거지를 하는 일상적인 가사 노동의 시간을 부부 시간으로 바꾸어 그 시간을 귀하게 사용할 수 있다.

명심해야 할 문제는, 적절한 내용을 선택하는 것이다. 게일이 둘째 딸을 낳고 있을 때, 나는 디트리히 본회퍼의 「나를 따르라」(*The Cost of Discipleship*, 대한기독교서회 역간) 중에서 고통에 관한 심각한 본문을(병원 분만실에서) 읽어 주었다. 그녀는 한숨을 쉬더니, "지금 이 순간만이라도 좀더 밝은 내용을 읽어 줄 수 없나요?"라고 말했다.

함께 성경 읽기

많은 부부들에게, 특히 자녀를 양육하는 기간에는, 매일 함께 성경을 읽는 훈련이란 비현실적인 일이다. 어떤 부부들은 매일 아침 자녀들보다 일찍 일어나는 갸륵한 노력을 기울이기도 한다. 또 어떤 부부들은 식사 시간에 가족들이 모여서 성경을 읽는 것으로 훈련을 대체한다. 부부가 각자 성경의 일부를 읽고 그 열매들을 함께 나누는 것도 대안이 될 수 있다.

개인적인 훈련으로서, 나는 맥체인 성경 읽기표가 혼자 성경을 읽기에 가장 좋은 계획이라는 것을 알게 되었다.[1] 슬프게도 나는 신학 교육을 받는 전 기간에 성경 전체를 통독하지 못했다는 것을 고백한다. 이 성경 읽기표를 사용하여, 지금 나는 1년에 구약 성경을 한 번, 신약 성경과 시편은 두 번씩 통독하고 있다. 이 계획표의 장점은, 성경의 네 부분을 동시에 병행해서 읽는다는 점이다. 창세기부터 시작해서 요한계시록까지 읽으려고 하면 대부분의 사람들이 레위기에서 걸리고 만다. 이 계획표는 독자들이 매일 좀더 폭넓게 성경을 접하도록 한다. 내 경험에 의하면, 이 네 본문 가운데 어느 하나도 그 날 할당된 페이지를 넘기지 못하는 날은 거의 없다. 일주일에 한 번씩 이러한 성경 읽기를 함께 하는 것은 유익한 훈련이다. 어떤 교회들은 부부들이 사용할 수 있는 성경 읽기표를 제공하기도 한다.

함께 성경 공부하기

대화를 하는 데 중요한 규칙은 "설교하지 말라"는 것이다. 특히 이것은 나와 같은 설교자나 설교학 교수들에게는 듣기 괴로운 말이다. 사람들은 들은 것으로부터가 아니라, 스스로 발견한 것에서 가장 잘 배운다. 캐나다 IVF의 중견 리더인 캐시 니콜은 어느 날 버스를 기다리면서 이제까지 들어 온 위대한 설교들을 떠올려 보려고 했다. 그랬더니 정신이 멍해졌다. 그러나 그녀가 스스로 성경에서 발견해 온 것들을 회상하기 시작했을 때, 그녀는 버스가 오고 나서도 풍성한 기억들이 넘쳐흐르는 것을 멈출 수가 없었다. 많은 부부들이 함께 설교를 듣는다. 그러나 그것은 하나님의 말씀을 듣는 한 가지 방법일 뿐이다. 하나님의 말씀에서 깨달은 바를 부부 성경 공부를 통해서 나누는 것은 또 다른 방법이다.

여러 가지 성경 공부 교재들을 활용할 수 있는데, 그 중 몇 가지는 특별히 부부들을 위해서 만들어진 것이다. 앨리스와 로버트 플라잉(Alice and Robert Frying) 부부의「행복한 부부 만들기」(*A Handbook for Married Couples*, 한국 IVP 역간)는 성경의 몇몇 관련 구절들과 함께, 결혼 생활의 중요한 주제들을 거의 모두 다루고 있다. 진 게츠(Gene A. Getz)의「결혼 생활의 척도」(*The Measure of a Marriage*, Regal)도 비슷한 도움을 주는 책인데, 이에 더해서 실제적인 결혼 생활의 이슈들과 관련된 많은 질문들 그리고 선다형 문제들도 포함하고 있다. 부부들을 위한 성경 공부 교재로는 찰스 스윈돌(Charles R. Swindoll)의「원래의 결혼에 이르라」(*Strike the Original Match*, 두란노 역간)가 나와 있다. 이 책은 성경의 가르침에 좀더 철저히 기초하고 있으며, 특히 용서라는 주제에 대해 심도 있게 다루고 있다.

새로운 깨달음을 돕는 질문들을 통해서 성경을 탐구하는 책 가운데, 내가 지금까지 발견한 유일한 결혼 생활 관련 교재는 제임스와 마르타 리슴(James and Martha Reapsome) 부부의 「결혼: 하나님의 설계」(*Marriage: God's Design for Intimacy*, 한국 IVP 역간)이다. 리슴 부부는 하나님의 결혼 계획에 관해 가르쳐 주는 구약과 신약 성경의 본문들을 다루고 있다.

이 장에 포함되어 있는 두 개의 부부 성경 공부는 각각 다른 방법을 취하고 있다. 우리는 성경에 나오는 결혼 생활에 대한 두 가지 예를 연구하고, 생생한 사례 연구로부터 우리가 할 수 있는 것이 무엇인지 배우게 될 것이다. 성경은 실제 사람들의 이야기를 통해서 하나님의 진리를 전해 주는 경우가 많은데, 때로 그 이야기들은 말을 하지 않고도 우리가 하지 말아야 할 것들을 보여 준다.

결혼 생활과 관련해서 당신이 어떤 필요를 가지고 있든—성적 교제, 잘 들어 주는 기술, 사랑을 표현하고 갈등을 해결해 주는 언어—그에 관한 책을 쉽게 찾을 수 있을 것이다. 서점 책꽂이에는 결혼 생활에 관한 책들이 넘쳐나고 있다. 그러나 좋은 성경 공부 교재를 찾는 것은 좀더 어려운 일이다. 함께 조금만 논의하면, 부부가 원하는 특별한 필요에 초점을 맞출 수 있을 것이고, 그 필요에 가장 적당한 교재를 선택하는 데도 도움이 될 것이다. 특별히 관심을 쏟고 있는 필요가 없다면, 리슴 부부의 교재는 분명한 성경적 기반을 가지고 대부분의 주제들을 다루고 있으므로 추천할 만하다. 당신의 특별한 관심사나 필요를 다루고 있는 책이 없다면, 탐구하고자 하는 주제에 대해 스스로 성경 공부를 하는 것도 좋을 것이다. 우선 개인적으로 성경을 연구하라. 그리고 나서 함께 모여 깨달은 바를 나누도록 하라.

특별히 함께 공부하는 것이 익숙하지 않은 부부들은 성경 공부 교재의 가치를 인정하게 될 것이다. 깨달음을 위한 성경 공부에 중점을 두게 되면, 두 사람간의 성경 지식의 차이가 평준화된다. 둘 중 한 사람이 신학 교육을 받았다면, 배우자에게 설교를 하거나 가르치고 싶은 유혹을 억누르기 힘들 것이다. 그러나 "본문이 실제적으로 말하고 있는 바는 무엇인가? 이 본문은 무엇을 의미하는가?", "이 본문은 부부로서의 우리에게 실제적으로 어떤 의미가 있는가?"라는 질문에 초점을 맞추게 되면 이런 유혹을 최소화할 수 있다. 스스로 성경 공부 문제들을 만들어 보거나, 더 나아가 교회에서 사용할 성경 공부 교재를 준비하는 것도 함께 풍성한 성경 연구를 경험하는 기회가 된다. 이렇게 하기 위해 부부가 따로 떨어져서 혼자 힘으로 본문을 공부한 후에 다시 모여 함께 나누고 연구할 수 있다. 토론 문제들을 만드는 작업은 본문의 메시지를 분명히 하고 그것을 자신의 결혼 생활에 적용할 수 있는 기회가 될 것이다. 미리 준비된 교재를 가지고 다른 부부와 성경 공부를 함께 하는 것도 좋은 출발이 될 수 있는데, 특히 그로 말미암아 현재 준비하고 있는 부부 성경 공부에 힘을 실어 주거나 후속적으로 소그룹 성경 공부가 이어지게 된다면 더욱 좋은 일이다. 어떤 상담자에 의하면, 대부분의 부부들은 5년 정도 뒤늦게 부부 상담을 받으러 온다고 한다. 그 말을 듣고, 우리 교회의 한 부부는 스스로의 힘으로도 무언가를 해 보고 친구들에게도 5년 더 일찍 손을 내밀기로 결심했다. 그들은 매주 목요일 저녁에 함께 공부하기로 했다. 뿐만 아니라 그들은 이웃과 친구들을(그리스도인들도 있었고 아직 그리스도인이 아닌 사람들도 있었다) 초청했다. 그들은 "팀과 나는 앞으로 8주 동안 우리 결혼 생활을 발전시키기 위해 매주 목요일 저녁에 성경 공부를 하려고 해요. 우리와 함께 하고 싶다면, 기꺼이 환영이예요. 어차피 우리는 그 시간에 공부를 할 테니까요!"라고 말했다. 몇몇 사람들이 그들과 동참했다.

그렇지만 누가 부부 성경 공부를 인도할 것인가? 부부 기도와 마찬가지로, 이 훌륭한 자산도 가정의 정치적인 역학 관계에 의해서, 힘 겨루기에 의해서 그리고 배우자의 장점과 은사에 대한 질투심에 의해서 복잡하게 뒤얽힐 수 있다는 것은 비극적인 아이러니이다. 나중에 나는, 남편은 가정의 영적인 머리 또는 유일한 제사장이 아니라는 내 확신에 대해 살펴 보고자 한다. 나는 온전히 공유된 영적 리더십 그리고 공통의 제사장직과 사역을 주장하려 한다. 부부 성경 공부는, 리더와 보조자의 관계보다는 온전한 협력 관계를 실험해 볼 이상적인 기회다. 돌아가면서 인도를 하거나, 아니면 좀더 자신 있는 사람이 먼저 시작하고 나중에 다른 사람이 리더십을 갖기로 합의하라. 부부 두 사람으로 이루어진 그룹을 인도하는 것은 결국 부부 대화나 마찬가지가 되어 버리는데, 그것이 원래 의도한 바다. 당신은 서로 상대방의 공헌을 칭찬해 줌으로써, 그 사람을 사역에 구비시키는 데 장족의 발전을 하게 될 것이다. 교재가 좋은 질문들로 이루어져 있으면 누구나 성경 공부 인도자가 될 수 있다. 인도자는 자기 이야기를 털어놓도록 만들어진 질문들을 단순히 읽기만 해도 되기 때문이다. 이러한 질문들은 이야기를 나누고 적용할 수 있도록 도와주는데, 그것은 부부의 성장에 핵심적인 요소들이다. 이 훈련도 한번 시도해 보지 않겠는가? 경건 서적을 함께 읽는 것으로 시작해서, 그 다음에는 성경을 함께 읽고, 마지막으로 성경 공부를 함께 하는 것이 가장 쉬운 접근 방법일 수 있다. 마지막에 제안한 성경 공부는 가장 큰 노력을 필요로 하기 때문에, 이제 나는 그 실례를 하나 보여주고자 한다. 어떤 사람들은 곧바로 이것부터 시작할 수도 있을 것이다.

빌과 엘라나는 다음과 같은 단순한 토론 질문들을 사용해서, 매주 성경 공부를 하기로 했다. 그들은 목요일 밤을 따로 떼어놓고, 서론(아래)과 성경 본문(창 2:4-20)을 읽고, 깨달은 것들을 함께 나누었다.

양질의 시간에 대한 부부 성경 공부의 실례: 아담과 하와

창세기 1-3장에 나오는 아담과 하와에 관한 기록은 문화를 뛰어넘어 우리를 하나님의 낙원으로 데리고 간다. 이것은 하나님이 의도하신 바다. 그러므로 예수님과 바울도 창세기 2:24은 언약적 결혼에 대한 하나님의 설명이라고 말씀하셨다. "이러므로 남자가 부모를 떠나 그 아내와 연합하여 둘이 한 몸을 이룰지로다." 하지만 우리는 여기서 이 풍성한 이야기의 또 다른 측면인 '항상 하나님의 임재를 경험하는 것'에 초점을 맞출 것이다.

1. 창세기 2:4-20을 읽으라. 이 기사는 창조 세계 가운데서 혼자 지내고 있는 남자의 모습을 그리고 있다. 하나님은 아담에게 자신을 어떻게 알리시는가?

→ 그들의 결혼이 죄 없는 낙원에서 죄 없는 부부로서 시작된 것은 멋진 일이었음에 분명하다고 빌이 말했다. 아담과 하와는 하나님께 직접 이야기하는 놀라운 특권을 가지고 있었다. 이것에 대해 엘라나는, "하지만 그들이 그것을 날려 버렸다구요!"라고 빈정거렸다.

2. 비록 하나님은 더 하등한 모든 피조물들에 대한 통치권을 인간에게 부여하셨지만(창 1:26-30), 자신과 동등하며 짝을 이룰 다른 피조물, 즉 하와를 간절히 원하도록 아담을 창조하셨

다. '마침내'(at last) 또는 '이제야'(this is now)라는 아담의 말은 성경에 나오는 처음 싯구이며(한글 개역 성경에는 이 부분이 정확히 번역되어 있지 않다-역주), 처음 예배 행위이다(창 2:23). 하나님이 하와를 주신 것이 어떻게 하나님을 기쁘시게 하는 예배와 감사의 기회가 되었을까?

→ 빌은 자신이 엘라나라는 선물에 대해 깊은 감사를 느끼는 경우가 많기는 하지만, 이렇게 즉각적으로 예배를 드린 아담의 본을 받을 필요가 있다고 말했다. 그는 자신의 모든 것을 함께 나눌 수 있는 배우자로 인해서 진정으로 감사를 드렸다. 엘라나는 그가 집에 돌아왔을 때 낙담하여 눈물을 흘리고 있는 하와를 보면서도 이 점을 기억할 수 있을지 의심스러워했다!

3. 아담과 하와에게는 예배 의식도, 예배당도, 성경도, 계획된 기도 시간도 없었다. 우리가 반드시 필요한 것이라고 알고 있는 것들의 도움 없이도, 그들은 어떻게 하나님을 기쁘시게 할 수 있었을까?

→ 엘라나는 이 질문이 어떤 심원한 필요를 규명하는 데 도움이 된다고 생각했다. 우리는 너무나 쉽게 하나님과의 생생한 관계가 결여된 종교적인 형식을 따른다. 빌은 매일 하루를 시작하고 마치면서 짧은 기도를 드리는 것이 큰 도움이 될 것이라고 말했다.

4. 창세기 3:1-24을 읽으라. 사단의 유혹은 어떻게 이 부부가

좋은 관계를 맺지 못하도록 유도하였는가? 그것은 하나님 앞에서 살아가는 부부로서 그들의 관계에 어떤 결과를 가져왔는가? 결혼 생활의 영성에는 어떤 영향을 미쳤는가?

→ 엘라나는 창세기 3:1-24을 큰 소리로 읽은 후에, 그들이 일상적인 관계 속에서 하나님을 발견하지 못하도록 사단이 활발히 일하고 있음을 깨닫는 것이 얼마나 중요한지를 이야기했다. 빌은 이 본문을 통해 자신이 때때로 엘라나가 하나님과 동행하도록 격려하고 기도로 그녀를 지지해 주는 것이 어렵다고 느끼는 이유를 이해하는 데 도움이 되었다고 말했다.

5. 인생에서 흔히 겪는 모험 가운데 함께 하나님을 예배하는 것에 대해 이제 무엇을 알게 되었는가? 당신 부부가 언제, 어떻게, 이러한 방법으로 하나님을 예배하기 시작할 수 있을지 생각해 보라.

→ 빌과 엘라나는 이 문제를 토론하는 데 긴 시간을 소비했다. 빌은 거룩한 것과 세속적인 것을 분명하게 구별하는 환경에서 성장하였다. 일요일과 월요일은 거의 아무 상관이 없는 날이었다. 빌은, 밤에 아이들을 달래는 것과 같은 아주 사소한 일일지라도, 하나의 예배 행위로 보고 분담해서 할 수 있도록 자신을 위해 기도해 달라고 엘라나에게 부탁했다. 엘라나 역시 이 점에서 몇 가지 필요들을 이야기했다. 그들은, 아담과 하와가 그들의 '과거'의 모습일 뿐 아니라, 죄를 짓기 이전의 아담과 하와는 우

리가 그리스도 안에서 향해 가고 있는 미래의 모습이기도 하다는 결론을 내렸다.

실천에 옮기기

다음에 제시된 성경 공부는 정해진 시간에 부부가 공부하기 위한 지침으로 사용할 수 있을 것이다. 이 성경 공부를 하면서, 당신이 스스로 발견한 것들에 감탄하게 되리라 기대해도 좋다.

영적 훈련에 대한 부부 성경 공부: 삼손과 들릴라. 때때로 성경은, 우리가 책임을 다하지 못했을 때 어떤 일이 일어나는지 그 예를 보여 줌으로써, 우리가 해야 할 바가 무엇인지 말해 준다. 삼손과 들릴라의 비극적인 결혼은 바로 이러한 예시이다. 삼손은 하나님의 독특한 부르심을 받고 특별히 드려진 나실인이 되었다. 자르지 않은 그의 머리카락은 이러한 헌신의 상징이었다. 그는 튼튼한 몸과 성령의 특별한 기름부음을 받고 태어났다. 왕을 중심으로 나라가 통합되기 이전인 사사 시대에 하나님은 삼손을 세우셨다. 그러나 영적 훈련을 공유하지 못한 결혼은 그를 파멸시키는 원인이 되었다.

1. 사사기 16:4-22을 읽으라. 믿음의 공동체 밖에서 결혼을 함으로써, 삼손은 이미 교제의 가능성을 위태롭게 하였다. 들릴라가 삼손의 영적인 비밀을 이용하기 위해 사용한 수단은 무엇이었는가?

2. 그의 머리털이 깎이자, 성경은 삼손이 "여호와께서 이미

자기를 떠나신 줄을 깨닫지 못하였더라"(20절)고 말한다. 부부는 어떤 상황 가운데서, 능력과 영적인 생명력을 이미 잃었으면서도 여전히 주님의 뜻 안에 있다고 생각할 수 있겠는가? 당신의 결혼 생활에서 이러한 일이 일어난 경우가 있었는가?

3. 비록 삼손이 블레셋 여인과 결혼하는 것이 '하나님의 뜻을 벗어나는' 것이기는 했지만, 영감을 받은 역사가는 이 일이 "여호와께로서 나온 것"(14:4)이었다고 말한다. 하나님은 삼손의 결정을 블레셋의 압제로부터 이스라엘 백성들을 자유케 하시려는 그분의 목적 가운데 엮어 넣으셨다. 사사기 16:23-31을 읽으라. 삼손의 생애 마지막 순간에는 어떤 구원의 특징들이 나타나는가?

4. 상대방에게 더 많은 사랑을 원한다는 미명하에(16:15), 의도하지 않게 그의 개인적인 영적 훈련을 파괴할 수도 있는 경우들은 무엇인지 함께 토론하라. 당신은 어떻게 자신의 필요에 좀더 솔직해질 수 있는가? 어떻게 하면 배우자의 영적 성장을 좀더 잘 지원해 줄 수 있는가?

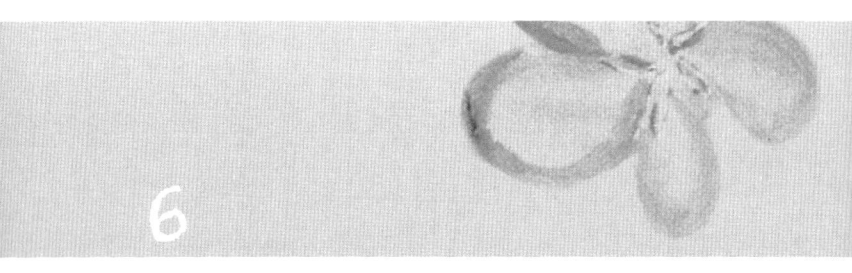

6

봉사 사역에서의 온전한 파트너십

결혼 관계 안에서의 연대감에 대한 갈망은 나라와 문화를 초월하는 것이다. 때로 아프리카인들의 결혼은 '수단적'(organic)이고, 출산과 생존이라는 과업만을 위한 것으로 풍자된다. 나는 케냐에서 내가 가르치는 학생들에게 배우자로부터 어떻게 사랑받고 싶은지 우선 순위를 매기는 질문지를 완성해 오라고 했다. 나는 "북미에서는 그것을 사랑의 언어라고 부릅니다. 말을 하지 않고도 '당신을 사랑합니다'라고 전달할 수 있는 방법들이 너무나 많이 있고, 남편과 아내가 각자 진정으로 어떻게 사랑받기를 원하는지를 전달하는 것은 중요한 일이기 때문입니다"라고 설명했다.

훈련을 받던 아프리카 목사들은 남자와 여자를 막론하고, 다음 두 가지를 배우자의 사랑을 느끼는 상위 목록으로 열거했다. "우리 인생에 대하여 배우자와 **함께** 기도하기"와 "우리가 함께 할 수 있는 그리스도인의 사역을 선택하기." 이것들은 신체 접촉의 언어보다도 훨씬 더 중요했다. 그러나 내 질문지는 심각한 문제 하나를 밝혀냈다.

그들이 질문했다. "왈리무(이 말은 스와힐리어로 '선생님'을 의미한다. 아프리카 학생들이 사석에서는 나를 '대머리'로, 게일은 '대머리의 아내'로 부르기는 했지만), 우리가 목사이면서 어떻게 동시에 좋은 남편이나 아내이고 좋은 부모일 수 있나요?"

어느덧 램프에 불이 켜졌고, 우리는 이 광대한 땅에 자리한 교회의 한 가지 중대한 문제에 대해 밤이 늦도록 이야기를 나누었다. 나이 든 목사들은 사역에 몸 담고 예수님을 따른다는 것은 '부모와 처자를 미워하는 것'을 의미한다고 배워 왔다. 그들은 대개 걷거나 자전거를 타고 넓은 지역을 다니며 여덟이나 아홉 군데 교회를 목회하는 경우도 종종 있었다. 일주일에 하루 저녁 이상 집에 있는 것은 불가능했다. 많은 목사들이 가족들을 한쪽 지역에 있는 그들의 작은 샴바(shamba) 농장에 남겨두고 수백 킬로미터나 떨어진 다른 부족 지역에서 타문화 선교사로 사역하면서, 3-4주에 한 번씩 집에 돌아왔다. 나는 아직까지 그러한 삶에 만족하는 사람을 만나보지 못했다. 그러나 이런 상황은 너무나 보편적이어서 아프리카 그리스도인들에게는 거의 법처럼 여겨진다.

"그러나 왈리무, 당신은 함께 하나님을 섬기는 것이 하나님께로 가는 길이라고 가르치고 있습니다. 그렇게 많은 시간을 떨어져 지내는데 어떻게 그렇게 할 수 있나요?" 뒤이어 온전한 파트너십을 개발할 수 있는 실용적인 방안들에 대한 길게 논의가 이어졌는데, 그것이 바로 지금 우리가 다루게 될 문제이다. 나는 케냐에 있는 차세대 목사들이 사역을 공유하는 훈련을 경험하게 되기를 기도하고 있다.

사역에서의 평등성

결혼한 그리스도인들의 사역은 보통은 공유되어야 한다. **하나님이 한 부부를 사역을 위해 부르실 때, 두 사람 모두 그 부르심을 들어야 한다.** 한 사람이 다른 사람의 부르심에 항복하는 것은 잘못된 것이다. 한쪽이 머뭇거리고 있다면, 다른 쪽은 기다려야 한다. 기다리는 동안에도 할 수 있는 일은 많이 있다.

불행히도, 샘은 수가 내켜하지 않는다는 것에 민감하지 않았다. 그는 결혼 생활은 사역에 종속되는 것이라고 믿었다. 그리고 그는 외국에서 사역하라는 부르심을 느꼈다. 그러나 수는 그렇지 않았다. 샘은 강력히 반대하고 항의하는 자기 아내를 억지로 남성 지배적인 이슬람 문화 가운데 끌어넣었고, 이것은 나중에 수가 더욱 비통함을 품게 되는 원인이 되었다. 처음에 자녀들은 아버지의 '희생'을 기꺼이 인정했지만, 수에게는 이것이 마치 살육처럼 느껴지는 일이었다. 그러나 자녀들은 성장해 감에 따라, 사랑하는 사람에게 그토록 고통스러운 순종을 요구하시는 하나님을 미워하게 되었다. 샘은 세상을 구하려다 자신의 가족을 잃었고, 결국 자기가 얻은 것은 무엇일까 하고 생각하기 시작했다.

예수님은 당시 유대 문화 가운데서 이 문제를 언급하셨다. '고르반'은 어떤 사람이 교묘하게 자기 돈을 성전에 드림으로써 그것을 연로한 부모를 부양하는 데 쓰지 않아도 되게 만드는 일반적인 관습이었다. 하지만 그 돈을 개인적인 용도로는 사용할 수 있었다(막 7:6-13). 예수님은 "(그렇게 함으로써 너희가) 하나님의 말씀을 폐한다"고 말씀하셨다. 그분은 아마 교회나 세상에서의 사역에 헌신하여 가족을 희생시키는 경우도 마찬가지 예로 사용하셨을 것이다. 이 두 가지 모두 예수님이 자녀들에게 결코 요구하시지 않는 희생이다.

「영적인 우정」(*Spiritual Friendship*)에서, 리보의 엘레드는 이렇게 말한다.

> 둘째 사람이 첫째 사람의 옆구리에서 취해 만들어졌다는 것은 얼마나 아름다운지, 그러므로 사람은 평등하며, 말하자면 수평적이며, 인간사에는 우월한 것이나 열등한 것이 없고, 진정한 우정이라는 특징만이 있다는 것을 자연이 가르쳐 준다.[1]

아담과 하와에 대한 엘레드의 언급을 이해하려면 공동 사역에서 남편과 아내의 평등성에 적용해 보면 될 것이다.[2]

이것은 특히 고위직에 있는 기독교 지도자들에게 중요한 문제인데, 그들의 배우자들은 종종 자신이 전적으로 참여하는 동역자라기보다는 부차적인 존재에 지나지 않는다고 느낀다. 부부가 서로 주목받기 위해 경쟁하거나, 한 사람이 다른 사람의 카리스마나 그 추종자들에 대해 질투할 때, 상승 효과가 역으로 일어난다. 심지어는 그들 각자의 사역들이 오염되기도 한다. 지금 나는 결혼한 하나님의 종들은 모든 것을 함께 해야 한다고 주장하는 것이 아니다. 그렇게 하면 숨이 막힐 것이다. 그러나 그들이 함께 하기로 선택한 일은 두 사람 모두 전적으로 필요를 느끼는 일이어야 한다. 차이가 나는 일에서는—필연적으로 차이가 있게 마련인데—좀더 영향력이 있는 쪽이 그들이 왜 함께 사역하기로 결정했는지를 공적으로나 사적으로 확인해 줌으로써 약한 쪽에 **힘을 부여할** 책임이 있다. 이렇게 해야 하는 심원한 이유들을 지금부터 살펴보고자 한다.

불행히도 평등의 원칙은 보편적으로 받아들여지지 않고 있다. 루이스는, 하나님은 남성적이고, 그리스도의 신부인 교회는 여성적이기 때문에 남성의 모습을 가진 남자가 교회에 리더십을 제공해야 한다고 주장한다. 그러므로 오직 남자만이 교회에 대하여 하나님을 대표할 수 있다.[3] 그러나 이 주장은 기묘하게 뒤집힐 수 있다.

교회에 대하여 하나님을 대표하기 위해 남성이 필요하다면 (그 자체로 논쟁의 여지가 있는 문제이다), 오직 여성만이 하나님에 대하여 교회를 대표할 수 있다. 그러므로 그리스도의 신부가 찬양과 감사의 예물을 하나님께 드릴 때는 오직 여성만이 예배의 리더십을 교회에 제공해야 한다. 그리고 공동으로 드리는 최고의 감사 행위인 성만찬은 오직 여성 사역자만 집례해야 한다. 이런 식으로 논쟁은 계속될 것이다.

그러나 남자와 여자가 온전한 파트너십을 가지고 섬기면서, 각자의 성별에 따른 독특성으로 공동 사역을 풍성하게 하는 데 기여하는 편이 훨씬 더 낫지 않을까?

개인적으로 나는, 여성은 존엄성의 측면에서는 남성과 평등하지만 통치와 사역에서는 종속적이라는 주장이 상당히 설득력이 없으며, 새 언약 아래에서 예수님의 완전한 사역의 가치를 떨어뜨린다고 생각한다.[4] 남편과 아내는, 이 장 끝 부분의 성경 공부에서 다루는 아굴라와 브리스길라처럼, 지도자와 하급자로서가 아니라 동역자로서 하나님을 가장 잘 섬길 수 있다.

이웃과의 성경 공부에서 리더십을 분담하고, 주일 학교에서 함께 가르치고, 공적 부조를 통해 편부모 가정을 돌보는 등의 일은 결혼 생활의 영성에 부수적인 도움이 될 것이다. 배우자들은 새로운 방식으로 상대방을 칭찬할 줄 알게 된다. 그들은 상호 의존을 배운다. 가정 밖의 필요들에 집중함으로써, 더 깊은 차원의 연대감을 발견할 수도 있다. 그러나 성별에 따른 독특한 영성의 상호 의존성을 기꺼이 받아들이는 것은 부부가 수용하기 어려운 도전이 될 수 있다.

성별에 따른 독특한 영성을 기꺼이 받아들이기

내가 처음 이성에 관심을 갖게 된 것이 언제인지 정확히 기억할 수는 없지만, 상당히 일찍부터였다. 유치원에서 나는 메리 뒤에 앉았었는데, 내 책상 위까지 늘어지는 긴 금발을 갈래지어 땋고 다니던 귀여운 여자 아이였다. 어느 날 우리는 종이를 오릴 가위를 받았는데, 나는 여자애의 관심을 끌기 위한 초기 실험으로 그 긴 금발의 땋은 머리 한 가닥을 10cm 정도 자르기로 결심했다. 나는 즉각 메리의 관심을 끌었고, 곧바로 선생님의 벌을 받았다!

그 이후에 나는 양성의 차이를 즐기는 좀더 사회화된 방법들을 배우게 되었다. 그러나 우리가 고려해야 하는 질문은, 우리가 그렇게 흥미를 느끼는 성적 차이가 영적 차이와도 일치하는 것이냐 하는 것이다. 남성적인 영성과 여성적인 영성이라는 것이 있는가?

"무식하면 용감하다"는 말처럼, 이것은 무모한 논쟁거리이다. 남성과 여성의 모든 비신체적인 특징들은 타고난 것이 아니라 학습된 것이라 결론을 내리는 연구들을 믿는 편이 더 쉬울 것이다. 어쨌든, 수정란의 마흔여섯 개 염색체 가운데 우리의 성별과 관계가 있는 것은 두 개뿐이다. 모든 남성과 모든 여성이 안드로겐(남성 호르몬)과 에스트로겐(여성 호르몬)을 다양한 비율로 가지고 있다는 것은 잘 알려진 사실이다. 몇몇 연구는 사회가 남성을 적극적, 독립적, 비정서적, 논리적, 직접적, 모험적이며 의욕적인 존재로, 여성을 수동적, 감정적, 의존적, 비경쟁적, 비객관적, 순종적, 종교적, 불안정한 존재로 유형화한다고 주장한다.[5]

그러나 이런 모든 연구들 외에도, 또 다른 연구에서는 남자와 여자 사이에 선천적인 차이가 있으며, 그러한 차이는 각각 독특한 영성에 이르게 할 수 있다고 주장하기도 한다. 남자와 여자는 신체적으로뿐만 아니라 심리적, 영적으로도 차이가 있고 상호 보완적이다. 우리는 인격의 부속물로 몸을 **소유하는** 것이 아니다. 우리는 **몸이다.** 우리는 **영이다.** 우리는 **혼이다.** 우리는 통합된 전체다. 그러므로 성적 차이는 신체적인 것 이상이다. 그러나 그 차이를 규명하려는 노력은 또 다른 문제이다.

키에르케고르는 여자의 여성성은 일차적으로 헌신성으로 표현된다고 대담하게 주장한다.[6] 이것이 어쩌면 남자보다 여자가 일반적인 교회 봉사에 더 관심을 가지는 이유를 설명해 주는 것일까? 아니면 단지 우리가 신앙을 표현해 온 방식이 적극적이고 활동 지향적인 남성을 사로잡지 못했을 뿐일까?

헨리 나우웬은 7개월 동안 트라피스트 수도원에 들어가 있었을 때, 영성의 성(sexuality) 문제로 씨름해야 했다.

존 유디스(대수도원장)는…내 정서적인 생활이 정말로 얼마나 남성적인지, 경쟁과 적대심이 내 내면 생활에 얼마나 중심을 차지하고 있는지, 그리고 내 여성적인 측면이 얼마나 개발되지 않은 채 남아 있는지를 보게 해주었다. 그는, 수도자의 과업을 여성의 일이라고 (교구 사제의 남성적인 일과 비교해서) 부르고 대수도원장[abbot, '아바 아버지'(abba-father)에서 나온 단어이다]에게 어머니와 같은 책임을 일깨워 주기를 주저하지 않았던 성 베르나르에 대해 말해 주었다.[7]

로마 가톨릭 전통에서 마리아의 위치를 생각하면서, 나우웬은 "마리아는 내가 풍부한 감수성과 사색하는 성향을 다시 만나게 해주어 나의 한쪽으로 치우친 성향인 공격적이고 적대적이며 거만하고 경쟁적인 측면과 균형을 이루도록 도와준다"고 언급한다.[8]

「웨스트민스터 기독교 영성 사전」(*The Westminster Dictionary of Christian Spirituality*)에서 노르 홀(Nor Hall)이 쓴 논문은 그리스도에 대한 우리의 반응이 성에 의해 결정된다는 원리를 연구한다.

하나님에 대한 여성의 경험은 독특하지만 남성의 경험과 분리되는 것이 아니다.…각각은 그리스도에 대한 반응에서 다른 본질적인 요소들을 불러일으킨다.…여자의 신체적인 경험은 신에 대한 그녀의 반응을 이해하는 데 본질적이다. 생물학적으로 여자는 생명을 품고 낳는 역할에 의해 규정된다. 그러므로, 그녀의 전 인생은 출산과 그에 수반해서 자신이 낳은 생명을 돌보는 일을 준비하는 것이다. 그녀가 실제로 출산을 했건 아니건, 그 마음과 영과 혼이 이러한 신체적 요구의 영향으로부터 자유로운 여자는 없다.[9]

언젠가 나는 우루과이 출신의 한 여자가 북미의 한 여성학 연구 모임에서 여성의 영성이라는 주제에 대해 강연하는 것을 들었다. 그녀는 여성에게는 남성이 결코 가질 수 없는 세 가지가 있다는 점을 상기시켰다. 그것은 젖가슴, 자궁 그리고 생명이 피 흘림을 통해 온다는 것을 실존적으로 체험하는 월경이다. 그녀는 이렇게 말했다. "자궁은 생명의 공간입니다. 피는 정기적인 언어, 그리고 인간 성장에서의 기다림과 희망의 감각을 가지고 있습니다. 젖가슴은 양육을 위한 것입니다. 여성은 자신의 몸을 통해서 하나님의 신비와 교회의 사역에 관해 새로운 방법을 이야기할 수 있습니다."[10]

그러므로 키에르케고르가 여성적 영성을 비합리성과 직관성이라는 좀더 전형적인 고정 관념에서가 아니라 헌신성에서 찾은 것은 그리 크게 잘못된 것은 아닌 것 같다. 이 점에 대해 말하면서, 노르 홀은 "남성과 여성 모두가 가질 수 있는 여성적 영성은 감수성, 정서적인 반응, 기다림이나 사려 깊음 그리고 생명의 출산에 본질적으로 따르는 고통을 받아들이는 것으로 특징지어진다"고 주장한다.[1] 예수님의 어머니인 마리아가 종종 관상적인 사람의 이상형으로 묘사되는 것은 놀라운 일이 아니다.

이제 깨뜨려져야 할 최대의 신화는 여자는 남자보다 영적으로 더 연약하고 더 죄를 짓기 쉽다는 것이다. 이것은 베드로전서 3:7의 "더 연약한 그릇"을 단지 신체적인 특징을 의미하는 것이 아니라 "모든 면에서 더 연약한" 것으로 잘못 해석한 것에 기초하고 있다. 이러한 신화는 또한 바울이 여자들은 가르치지 말아야 한다거나 남자들을 주관하지 말아야 한다고 충고하고 있는 디모데전서 2:12을 문맥과 상관없이 해석한 데서 생겨났다. "이는 아담이 먼저 지음을 받고 이와가 그 후며 아담이 꾀임을 보지 아니하고 여자가 꾀임을 보아 죄에 빠졌음이니라"(딤전 2:13-14).

내가 「영원한 결혼」(*Married for Good*)에서 보여 주려고 했던 대로, 바울은 결혼 관계에서 남편이 가진 어느 정도의 우선권(**지배**가 아니라 **우선권**)을 주장하고 있을 뿐이다. 그러나 그가 여자는 전형적으로 먼저 꾀임을 받는다고 말하고 있는 것은 아니다. 디모데전서의 수신자인 에베소 교회는 에덴 동산의 선악과 사건이 재연되는 상황에 있었다. 즉, 여자들이 먼저 거짓 교사들의 꾀임을 받아서 남자들도 타락하도록 이끌고 있었다(딤후 3:6). 그러나 언제나 이런 식이라거나, 심지어는 이것이 정상적인 경우라고 바울이 주장하고 있는 곳은 전혀 없다. 이런 절박한 상황에서 바울은 여자들이 어느 누구도, 심지어는 다른 여자들이나 어린이들조차 가르치는 것을 금지하였다. 그리고 그는 "남자를 주관하다"라는 강력한 말을 사용하는데, 이것은 '권세를 부리다' 또는 '억압하다'라는 뜻을 의미한다.

이따금 구약 성경에 대한 유대교의 해석은 콘크리트처럼 단단한 복음주의의 전통을 분쇄하는 데 도움이 된다. 나는 정통파 랍비 한 사람이 다음과 같은 기막힌 논거를 가지고 여성을 회당 뒷편 휘장을 친 지역으로 분리시켜 놓는 것을 정당화하는 이야기를 들었다. "여성은 영적으로 열등한 존재가 아니라, 오히려 우월한 존재입니다. 창세기 2장에 따르면, 하와는 아담 이후에 창조되었고, 따라서 안식일에 더 가깝습니다. 여자는 흙으로 만들어진 것이 아니라 남자로부터 만들어졌기 때문에, 그 본성은 영적으로 더욱 정제되었고, 따라서 회당 사역이 덜 필요합니다."[12] 그러나 가장 깨뜨리기 어려운 신화는, 남성만이 하나님을 반영할 수 있다는 생각이다.

하나님의 남성적 형상과 여성적 형상

잘 지켜진 비밀 하나는, **성경은 하나님의 남성적인 이미지와 여성적인 이미지 모두를 사용하고 있다**는 것이다. 창세기 1:27은 하나님의 구상의 뼈대를 설명한다. "하나님이 자기 형상 곧 하나님의 형상대로 사람을 창조하시되 남자와 여자를 창조하시고." 일반적으로 인정하듯이, 성경에는 하나님의 남성성이 두드러지게 나타난다. 이것은 특히 신약 성경에서 그러한데, 왜냐하면 신약 성경의 기독교는 신들이 하늘에서 서로 성관계를 가진다고 가르치는 신비적 종교들에 대항하는 환경 가운데 세워지고 있었기 때문이다.[13)]

성경 어디에서도 하나님을 어머니라고 부르도록 장려하고 있지 않다. 그러나 성경적인 그리스도인이라면 하나님의 여성성에 대한 구약 성경의 많은 구절들을 무시할 수 없다. 하나님은 산파이시고(시 22:9), 인생이 그 날개 그늘 아래 피할 수 있는 새이시다(시 36:7). 하나님은 '상전'이며 '주모'이시기도 하다(시 123:2). 긍휼에 해당하는 히브리어(*rachmim*)는 베푸시는 어머니 같은 하나님의 긍휼의 개념을 담고 있다. 그것은 생명을 기르는 자궁을 암시하는 단어이다. 이사야 42:13-14에서 하나님은 전사로도, 숨이 차서 헐떡이는 해산하는 여인으로도 나타나신다.

신약 성경에 여성적 이미지가 적은 것(마 23:37의 유명한 '암탉' 구절을 제외하고)과 교회가 전적으로 남성적 이미지에 편향되어 있음을 언급하면서, 케네스 리치(Kenneth Leech)는, 하나님을 어머니로 표현하는 것이 사라진 대신 그 필요를 하나님의 어머니(마리아 숭배)로 너무 쉽게 대치하게 되었다고 지적한다. 높임을 받은 마리아가 하나님에 대한 성경적인 진리 중에서 간과되고 있는 부분을 대신하게 된 것이다. 그러므로,

비록 우리는 계속해서 하나님을 우리의 아버지라고 불러야 하겠지만, 우리가 하나님을 아버지와 어머니 모두로 알게 되었기 때문에 하나님을 주님(Lord)으로 부르는 것이 성경적으로 좀더 정확한 것일 수 있다.[14]

함께 사역할 이유들

하나님의 부성이 우선권을 차지하는 범위 내에서 우리는 그분을 형상화할 때 남성과 여성을 모두 하나님의 형상으로 볼 필요가 있다. 그것은 **인간은 두 보완적인 요소, 즉 남성과 여성이 있을 때에만 하나님의 형상을 드러낸다**는 의미이다. 이들은 각각 외적으로도(신체적) 내적으로도(영적) 상대방을 보완하여 완전하게 한다. 창세기에 나오는 "돕는 배필"(2:18)이라는 구절은 "그와 짝을 이루어 돕는 배필"이라고 번역하는 것이 더 나을 것이다. 각자는 상대방이 좀더 완전하게 하나님의 본성을 닮고 드러낼 수 있도록 도와준다. 남자나 여자 혼자서는 하나님의 형상에 미치지 못한다. 여성과의 관계에서 벗어나 있는 남성은 하나님의 형상을 드러내지 못하며, 그러므로 하나의 우상이 될 수 있다. 남성과의 관계에서 벗어나 있는 여성도 마찬가지다. 함께 사역하는 부부는 하나님의 온전한 형상을 증거할 놀라운 기회를 가진 것이다.

정신적 장애를 가진 사람들을 위한 공동체를 세우는 데 헌신한 캐나다의 장 바니에(Jean Vanier)는 이렇게 말한다.

여자는 남자로부터 가장 심원한 것들, 즉 애정, 부드러움, 감수성을 이끌어낸다. 그리하여 남자는 더 온화하고, 더 세심하며, 더 통찰력이 있게 된다. 그는 다른 사람에게 좀더 자신을 열게 된다. 여자는 그의 선함을 깨어나게 한다. 남자가 여자로부터 가장 아름답고 여성스러운 모든 것을 깨어나게 하는 것처럼 말이다. 남자와 여자는 서로 상대방을 비추는 거울이다. 그들의 차이는 서로에게 그가 누구인지, 그녀가 누구인지를 보여 준다.[15]

우리는 상호 보완성에 대해 이렇게 간단히 설명할 수 있을 뿐, 그 이상 나아갈 수가 없다. 우리는 부분적으로만 드러난 신비의 그물에 걸려 있다.

고린도전서 11:1-10에서 바울은 그리스도인의 공동체에서 성차의 중요성과 다른 성과의 올바른 관계를 유지하는 것의 중요성을 보여 주기 위해 매우 애쓰고 있다.[16] 그러나 11절에서 바울은, 그리스도 안에 있다는 것이 성별보다 중요한 것이라고 말하면서 주장의 방향을 전환하는 것 같다. "그러나 주 안에는 남자 없이 여자만 있지 않고 여자 없이 남자만 있지 아니하니라." **그리스도 안에서 남자는 여자에게 의존하고 있다!** 그는 12절에서 이러한 역의 의존 관계가 자연계의 법칙에도 있다는 것을 보여 준다. "남자도 여자로 말미암아 났으나." 결론은 "모든 것이 하나님에게서 났느니라"는 것이다.

차이점을 유지하면서 상호 의존성을 개발하는 것에 대해 성경이 이처럼 강조하고 있기 때문에, 나는 개인적으로 그리스도는 우리가 사역에서 동질성을 향해서가 아니라 온전한 파트너십을 향해 나아가도록 하신다고 믿는다. 이것은 교회의 리더십에서뿐만 아니라 부부 성경 공부 그룹을 인도하는 것처럼 단순한 사역에서도 마찬가지다. 동질성(parity)은 서로 동일하며 대체하기가 가능한 것을 의미한다. 반면에, 온전한 파트너십은 차이점을 높이 평가하고 찬양하는 것이다. 고린도 교회의 여자들이 머리에 쓰기를 거절함으로써 그렇게 하였듯이, 여자들이 그들의 여성성을 부정한다고 주장한다면, 바울은 그들이 인생의 상호 보완성을 상실한 것이라고 말한다. 그들은 더 이상 영광스러운 하나님의 형상이 아니다. 그는 여자가 남자와 올바른 관계를 맺고 있을 때 여자에게 주어지는 영광을 이야기한다. 또 만일 남자들이 그들의 남성성과 머리됨을 부정하였다면, 그는 고린도 교회의 남자들이 여자들과 올바른 관계를 맺지 못함으로써 자기들의 영광을 거부하고 있다고 말했을 것이다. 그는 오늘날 우리에게도 그렇게 말할 것이다.

우리의 성적인 건강함을 위해서 필요한 말씀이 바로 이것이다. 한편으로, 우리는 영광스럽게 다르고, 이러한 차이는 그리스도인의 공동체에서 더럽혀지거나 흐려지거나 줄어들지 않는다. 남자들은 남자로서 기도하고 사역하며 살아야 한다. 여자들은 여자로서 기도하고 사역하며 살아야 한다. 폴 투르니에는 그의 저서인 「여성, 그대의 사명은」(*The Gift of Feeling*, IVP 역간)에서 이 점을 다루고 있다. 이 책의 프랑스어 원제목은 「여성의 사명」(*The Mission of Women*)이다. 그는 여성에게는 남성에 대한 사명이 있고, 하나님을 위해서 여성은 남성이 되려고 애쓰지 말아야 하며, 남성도 여성이 되려고 애쓰지 말아야 한다고 믿는다. 루이스는 활과 현의 비유를 사용한다. 제대로 소리를 내기 위해서는 이 두 가지가 모두 필요하다.

이렇게 올바른 관계를 정립함으로써 이 고통받는 세상에 미칠 수 있는 영향에 대해 장 바니에는 다음과 같이 쓰고 있다.

> 나는 함께 공동체를 건설하기 위해서는 우리 사회에서 남자와 여자의 화해가 절실히 필요하다고 확신한다. 여자들은 대체로 남자들과는 다른 방식으로 권위를 행사하며, 그것은 더 좋거나 나쁘거나 하는 문제가 아니다. 한 공동체의 역사에서 어떤 시기에는 남자들이 책임을 지는 것이 더 나을 수 있고, 다른 시기에는 여자들이 그러는 것이 더 나을 수 있다. 정말 중요한 것은 어느 쪽도 혼자서 권위를 행사하지 않는 것이다.[17]

결혼 생활 가운데, 하나님의 형상이신 그리스도(골 1:15) 안에서 완전해지기 위해서는 남성적 영성과 여성적 영성이 모두 필요하다. 사역에서도 세상을 향하여 하나님의 형상을 나타내기 위해서는 남성 사역자와 여성 사역자가 모두 필요하다. 그리스도 안에 있는 부부들은 함께 사역함으로써 영광스럽게도 반문화적

(countercultural) 대안이 될 기회를 갖게 된다. 그들의 공동 사역은 새 창조가 있음을 보여 주는 의미 심장한 선언이다.

사역의 상승 효과

함께 사역하는 것은 두 가지 약을 함께 복용하였을 때 하나가 다른 약의 작용을 강화시켜 상승 효과를 내는 것과 같다. 이것은 배가의 효과가 있다. 둘이 하나보다 낫다. 그러나 둘이 함께하면 둘의 단순한 합보다 더 큰 효과가 있다! 켄과 신시아가 그러한 예다. 신시아는 공동 사역을 통해 경험한 이러한 훈련을 이야기해 준다.

켄과 나는 주일 학교에서 함께 가르쳐 왔습니다. 우리는 둘 다 이것이 우리가 은사를 받은 영역이라고 느꼈고, 학생들은 진리의 생생한 증거가 될 수 있는 여성 모델과 남성 모델 모두를 필요로 한다고 확신했습니다. 여러 해 가르치는 동안 우리는 기쁨과 슬픔을 경험했습니다. 그러나 우리는 서로의 지원자가 될 수 있었습니다. 때로는 서로 속도가 다르고 서로에 대한 기대감이 달라 발생하는 갈등들을 해결해야 했습니다. 사람이 너무 부족해서, 8개월 동안 서로 떨어져서 다른 반을 가르쳤던 적이 있습니다. 결과는 참담했습니다. 그 이후로 우리는 다시는 떨어져서 주일 학교 교사를 하지 않기로 약속했습니다.

10개월 전에 새로운 지역으로 이사를 온 이후로, 예전에 다니던 교회에서 맡은 일도 없어졌습니다. 지금은 새로운 교회에서 더욱 효과적으로 봉사할 수 있는 영역을 찾고 있습니다. 한 가지 가능성은 교회가 구성한 가정 그룹에서 부부 사역을 하는 것입니다. 목사님은 결혼 예비 상담을 고려해 보라고 제안하셨지만, 아직은 어떤 것에도 성급히 달려들고 싶지 않습니다. 당분간, 우리의 공동 사역은 중보 기도입니다. 주일에는 미혼 그리스도인 친구들을 위해 기도합니다. 금요일 밤에는 몇몇 가정을 위해서, 그리고 수요일에는 우리 가족을 위해서 기도합니다. 흥미로운 일은, 우리의 오랜 친구들 가운데 많은 사람들이 우리가 '봉사'에서 너무 소극적이 되어 가고 있다고 느낀다는 것입니다. 그러나 사실 우리는 이 기도 사역을 통해서 우리가 하나님과 다른 사람들을 섬기는 일에 실제적으로 참여하고 있다는 것을 깨닫습니다. 다른 사람을 위해서 정기적으로 기도하며 얻는 기쁨과 평화는 말로 다 할 수 없는 것입니다.

실천에 옮기기

당신 부부가 이미 사역에서 동역하고 있다면, 1-4번 문제는 그 유익을 기억하고 강화하는 데 도움을 줄 것이다. 무엇을 함께 할 수 있을지 알고 싶다면, 5-9번 문제를 시도해 보라. 먼저 각자 대답을 하고, 그런 후에 그 대답을 함께 나누라.

이미 함께 사역하고 있다면

1. 배우자와 함께 사역하는 것을 가장 즐기는 영역은 어디인가?
2. 당신의 배우자가 이 공동 사역에 기여하는 영적 은사나 사역은 어떤 것이 있는가?
3. 당신은 배우자의 성별 영성이 당신 부부의 사역을 풍성하게 하는 것을 경험했는가? 그것은 어떤 방식으로였는가?
4. 부부의 공동 사역으로 인해 두 사람의 관계에서 일어나는 위험이 있다면 무엇인가?

함께 사역하기를 원한다면

5. 당신의 배우자가 사역에서 발휘할 잠재력에 대해 확실히 말할 수 있는 점이 있다면 무엇인가?
6. 하나님이 당신의 배우자를 통해서 보통 어떠한 방법으로 다른 사람들을 도우신다고 생각하는가?
7. 당신의 배우자의 성별 영성은 공동 사역을 하는 데 어떤 점에서 기여할 수 있을까?
8. 주님을 섬기는 데 당신이 배우자와 함께 하는 것을 즐길 수 있을 만한 것들을 (가능한 많이) 적어 보라.
9. 부부가 함께 사역하고자 할 때 극복해야 할 한 가지 장애가 있다면 무엇이겠는가?

이 토론은 공동 사역에 대해서 중요한 결정을 내리도록 할 수도 있다. 좀더 격려가 필요하다면, 다음에 제시된 짧은 성경 공부는 이 영적 훈련의 몇 가지 새로운 차원들을 열어 줄 수 있을 것이다. 그것은 신약 성경에 나오는 적극적인 팀 사역 모델과 관련이 있다.

브리스길라와 아굴라는 대단한 부부였다. 그들은 장막 만드는 자, 즉 자비량 선교사로서 바울과 함께 일했다. 오늘날에는 그들을 직업 기독교 사역자(bivocational christian worker)라고 부를 수 있을 것이다. 그들은 로마, 고린도, 에베소 세 도시에서 하나님을 섬겼다. 성경에서 두 사람 중에 한 사람만 따로 언급되는 곳은 전혀 없으며, 아내인 브리스길라가 남편보다 먼저 언급되는 경우가 더 많다. 비록 우리는 그들에 대해 아주 적은 정보만을 가지고 있지만, 그들을 영적인 우정의 모델로 주목하여 볼 수 있을 것이다. 브리스길라와 아굴라는 많은 일을 함께 했다. 그들은 나란히 협력하여 봉사하고 가르치고 사역했으며, 하나님을 우선으로 두었다.

사도행전 18:1-4, 18-28; 로마서 16:3; 고린도전서 16:19을 읽고 다음 질문들에 대해 토론하라.

1. 브리스길라와 아굴라가 남편과 아내로서 함께 사역하기 위해 극복해야 했던 난관과 장애물들은 어떤 것이었다고 생각하는가?

2. 이 부부가 팀으로(단순히 지도자와 보조자로서가 아니라) 일했다는 암시는 무엇이 있는가?

3. 그들이 아볼로와 함께한 사역은 민감한 주의를 요했을 것이다. 이것은 팀워크 사역의 좋은 모델이다. 그렇게 조화롭게 일하는 그들의 협력을 파괴할 수도 있었을 태도가 있다면 무엇이겠는가? 사역을 하는 데 그들의 온전한 파트너십에 기여한 태도는 또 어떤 것이겠는가?
4. 브리스길라와 아굴라의 본으로부터 당신이 자신의 결혼 관계에 적용시킬 수 있는 점은 무엇인가? 어떤 특별한 영역에서 그것을 실제로 적용하기 시작하겠는가?
5. 당신의 개인적인 성별 영성(sexual spirituality)은 당신이 공동 사역을 하는 데 어떤 영향을 미친다고 생각하는가? 이런 차이점들에 비추어서 당신은 배우자를 어떻게 좀더 잘 이해할 수 있는가?
6. 함께 하나님을 섬기는 일에서 당신 부부가 가장 잘 할 수 있는 사역의 영역은 무엇이라고 생각하는가? 이것을 실행에 옮기기 위해 어떤 행동을 취해야 하는가?

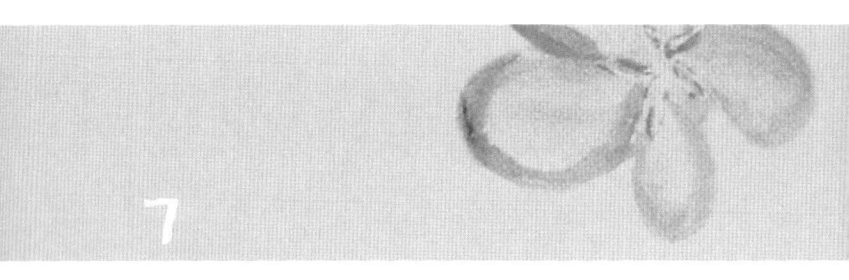

7

성적 금욕 아무도 원하지 않는 훈련

결혼에 대한 내 수업을 듣는 학생들에게 성적 금욕(sexual fasting)의 훈련을 한다면 어떤 손실이 있을 수 있겠는지 물어보았다. 그랬더니 "사마귀, 관절염, 암과 욕구 불만이 생기겠지요"라고 빈정거렸다. 그러나 그 유익에 대해 말할 때는 제대로 정곡을 찔렀다. "기도 혹은 어떤 특별한 영적 문제에 집중할 수 있게 되겠죠. 하지만 어쩌다 한 번 짧게 해야 할 훈련이지요." 대화를 나누면서, 나는 그들 중 한 사람도 이 훈련을 자발적으로 받아들이지 않을 것이라고 생각했다. 그럴 이유가 뭐가 있겠는가? 누가 성적인 특권을 포기하려 하겠는가?

하나님은 그분의 자녀들이 침실에서 서로를 즐거워하는 것을 기뻐하시는데 왜 금욕을 해야 하는가? 이제 우리는 고린도전서 7:5에 있는 바울의 영감에 찬 말씀을 붙잡고 씨름해야 한다. "서로 분방하지 말라. 다만 기도할 틈을 얻기 위하여 합의상 얼마 동안은 하되 다시 합하라. 이는 너희의 절제 못함을 인하여 사단으로 너희를 시험하지 못하게 하려 함이라." 이 훈련은 **공동으로**("합의상"), **짧게**("얼마 동안"), **목적을 가지고**("기도할 틈을 얻기 위하여") 해야 한다. 이것은 또한 **위험한**("너희의 절제 못함을 인하여 사단으로 너희를 시험하지 못하게 하려 함이라") 것이기도 하다.

"합의상": 성경적인 결정 방법

이것은 어느 한쪽 배우자만이 원한다고 시작할 수 있는 훈련이 아니다. 이것은 조심스럽게 접근해 가야 하는 문제인데, 왜냐하면 각각의 배우자는 성적인 면에서 단순히 순응적이기만 한 것이 아니라 민감하게 반응하고 흥미를 가진 상대를 원하기 때문이다. 이것은 금욕에서도 마찬가지다. 언젠가 내 친구 하나는, 자기는 아내를 품에 안을 때 단지 순종이 아니라 산 제사를 원한다고 말했다! 성적 금욕을 먼저 제안하는 배우자는 상대방이 할 수 없이 동의하거나 그 제안으로 인해 상처받지 않았다는 점을 확실히 할 필요가 있다.

성적 금욕은 신약 성경에 나타나 있는 결혼 관계의 구체적인 훈련으로 유일한 것일 뿐만 아니라, 남편과 아내가 어떤 결정을 내리는 것에 대해 유일하게 주어진 영감된 말씀이다. 그것은 **합의하여** 하라는 것이다. 그리스도 안에서는 남편이 아내에 대하여 결정에 관한 최고 권한을 가지지 않는다. 성적인 영역에 적용되어야 하는 것과 똑같은 존중과 민감성은 부부 생활의 나머지 영역에도 확장되어야 한다.

불행히도 종교는 하나님이 자연스러운 것으로 만들어 두신 어떤 일들을 규제하려고 하는 경우가 종종 있다. 그 결과 바리새적 유대교는 출애굽기 21:10을 세부적으로 적용하여 한 남자와 여자가 얼마나 오랫동안 성교를 멀리할 수 있는지를 규정하는 정교한 방법을 찾아냈다. 유대인들의 삶과 사상에 대한 교과서인 「미슈나」(*Mishnah*)에서 뽑은 다음 인용문에서, 그 관심이 아내의 성적 권리와 필요에 맞추어 있다는 점은 주목할 만하다.

만약 어떤 남자가 아내와 성교를 하지 않겠다고 맹세한다면, 샴마이(*Shammai*) 학파는 두 주 동안은 [그녀가 동의]할 수 있다고 말한다. 힐렐(*Hillel*) 학파는 일주일 동안[만]이라고 말한다. [사제스(*Sages*)]의 제자들은 율법을 공부하는 데 전념하는 동안 [아내의] 의지에 반하여 30일 동안 계속 아내를 멀리할 수 있고 노동자는 일주일 동안 그렇게 할 수 있다. 율법이 요구하는 결혼 생활의 의무는 이러하다. 실업자들은 매일, 노동자들은 일주일에 두 번, 나귀를 모는 자는 일주일에 한 번, 낙타를 모는 자는 30일마다 한 번, 그리고 선원은 6개월마다 한 번.

이 인용문은 확실히 실직한 남자를 편애하고 있다. 아내에게 **매일** 부부의 의무를 실행할 의무를 가진 사람이라니! 「미슈나」에서 부부의 의무를 거절한 여자에 대한 벌칙을 다루고 있는 또 다른 인용문을 계속해서 살펴보자.

만일 여자가 남편의 요구를 승낙하지 않으려 한다면, 그는 그녀의 '케투바'(Ketubah, 남자가 죽거나 이혼할 경우를 대비해서 신랑이 신부에게 담보로 맡기는 돈의 총액)를 매주 7데나(denar, 2데나는 1세겔이었고, 양 한 마리의 가격은 약 2세겔이었다)씩 삭감할 수 있다. 랍비 유다는 7트로파익(tropaic, 4트로파익은 1세겔)씩이라고 말한다. 얼마나 오랫동안 그것을 삭감할 수 있는가? [우선은] '케투바'의 총액과 같아질 때까지다. 랍비 요세는 이렇게 말한다. 그는 계속해서 그것을 삭감할 수 있고, 우연히 그녀에게 다른 유산이 생긴다면 그것에 대한 권리를 주장할 수 있다. 또한 남편이 아내의 요구를 승낙하지 않으려 한다면, 그녀의 '케투바'는 매주 3데나씩 증가할 것이다. 랍비 유다는 3트로파익이라고 말한다.[1]

고린도전서 7:5에 나오는 바울의 영감된 말씀은 훨씬 더 간단하고, 진실로 고상하다. 성적 금욕은 **합의하여** 원하는 것이어야만 한다. 남편과 아내가 모두 그 금욕에 동의하여야 한다.

"얼마 동안": 드물게 해야 할 훈련

고린도전서에 대한 고든 피(Gordon Fee)의 명주석은, 고린도전서 7:5의 맥락이 고린도의 그리스도인들이 좀더 많은 시간 기도하기 위해 결혼 생활에서 성행위를 그만두라는 훈계가 필요한 상황이었던 것은 아님을 설득력 있게 보여 준다. 상황은 오히려 그 반대였다.[2) 고린도 교회에는 성교를 무언가 하찮은 것으로 보는, 이제 성령이 오심으로써 사실상 끝나 버린 이 세상의 삶에 속한 것으로 낮추어 보는 강한 경향이 있었다. 스스로를 이미 죽은 자 가운데서 부활함을 얻었고, 하늘의 천사와 동등하며, 장가가고 시집갈 일이 없는(눅 20:35) 사람으로 여기는 '종말론적 여성들'이 있었다는 몇 가지 증거들이 있는 것 같다. 이런 초영적인(superspiritual) 그리스도인들은 부부의 성교와 같은 저급한 일에서 초월해 있었다.

이것은 오늘날 로마 가톨릭에서 수녀와 독신 사제의 삶의 우월성을 정당화하기 위해 사용하는 견해와 매우 유사하다. 교황 요한 바오로 2세는 이렇게 쓴다.

> 동정과 독신 상태에서, 인간은 신체적인 면으로도 그리스도와 교회의 종말론적인 혼인을 기다리고 있는 것이다.…그러므로 독신자는 그 몸으로 미래에 있을 부활의 새 세상을 고대한다.…동

정이나 독신은, 인간의 마음을 독특한 방식으로 자유케 하여 "하나님과 인류를 향한 더 위대한 사랑으로 불타오르게 함으로써", 하나님의 나라와 그의 정의가 다른 모든 가치보다 더 좋은 값비싼 진주임을 증거한다.…이러한 이유로 교회는 그 전 역사를 통해서 항상 결혼의 은사에 비해 이 은사의 우월성을 변호해 왔으며, 이는 독신 생활이 오로지 하나님의 나라와만 유대를 맺고 있기 때문이다.[3]

고린도의 초영적인 그리스도인들에게 바울이 하는 말은 "서로 분방하지 말라"(7:5)는 것이다. 성적인 행위는 선하고, 결합력이 있고(6:16), 거룩한 것이기 때문에, 또한 남자든 여자든 자기 몸을 주관할 권한이 없기 때문에, 성교는 한 사람이 갖는 결혼의 권리가 아니라 그 사람의 배우자가 갖는 결혼의 권리이다. 그것은 획득한 권리가 아니라 주어지는 것이다. 고든 피가 말하는 대로, "바울은 그리스도인의 결혼 생활에서 성적 관계를, 교회를 포함한 대부분의 문화들에서 볼 수 있는 것보다 한층 더 높은 토대 위에 올려놓았다. 대개의 경우 성은 남편의 권리이자 아내의 의무로 여겨지는 경우가 많기 때문이다."[4] 바울이 성적 금욕의 훈련을 언급하게 된 배경은 초영성주의의 잘못을 고치려는 것이다. "서로 분방하지 말라. 다만…." 성적 금욕은 명령이나 율법이 아니며, 드문 경우에 하는 드문 훈련으로서, 하나의 예외일 뿐이다.

성적 금욕의 훈련은 성을 낮게 평가하는 관점에서가 아니라 높이 평가하는 관점에서 나오는 것이어야 한다. 독신이며 로마 가톨릭 교도인 장 바니에가 성행위의 성례전적 성격에 대해서 가장 깊이 있는 말들을 기록했다는 것은 놀라운 일이다. 그 글들은 여기에 인용할 가치가 있다.

[남편과 아내의] 관계는 그 두 사람에게만이 아니라 자녀들과, 사회와, 하나님에게도 너무나 소중한 것이기에, 하나님 아버지는 좀더 근원적인 일체성을 향해 나아가는 그들의 여정에 항상 함께하시고 도와주시겠다고 약속하셨다. 남자와 여자의 이 결합은 신성한 것이다. 그것은 성부, 성자, 성령 하나님의 형상 안에 있다. 무엇보다도, 그것은 인간의 연합의 출발점이자 다른 모든 인간적 연합의 원천이다.

이것이 바로 남자와 여자의 연합이 하나의 성례인 이유이다. 그것은 교회 앞에 공포되고 교회가 승인해 주는 것이다. 그것은 예수님이 지정하신 신성한 표지이다. 그것은 하나님과 만나는 자리이다. 하나님은 이 연합 가운데 함께하시며, 항상 부부를 도우러 오신다. 하나님은 그들이 결혼 생활의 모든 어려운 요소들로부터 유익을 얻도록 도우신다….

이 연합은, 그들의 상처와 심리적이고 인간적인 부족함에도 불구하고, 남자와 여자가 하나님의 삼위일체적인 삶과 자비로운 사랑을 함께 나누기를 원하시는 하나님의 갈망에 그 토대를 두고 있다.…이 연합은 성례, 즉 일체성을 되찾은 것에 대한 감사의 행위가 된다.

생식 기관이 신성한 이유가 바로 이것이다. 그것은 신성한 임무를 위한 것, 즉 삼위일체적 삶의 표지인 동시에 생명의 원천이다. 이 기관들은 오직 하나님이 친히 복 주시고 확증하신 언약과 사랑의 삶을 살기 위해서만 사용되어야 한다. 이 언약 관계를 벗어나서 그것을 사용하면, 남자와 여자는 함정에 빠져 각각 고립된다. 그러한 성행위는 소망의 원천과 표지가 아니라 절망의 원인이 되어 버린다. 그것은 인간의 마음에서 가장 친밀하고, 가장 신성하고, 가장 상처받기 쉬운 면을 일깨우지만, 그것을 만족시키지도, 절대적인 사랑으로 사랑받고자 하는 깊은 필요에 반응하지도 못한다. 성행위가 예수님 앞에서 봉하여질 때에만, 남편과 아내의 사랑은 깊어지고, 그 사랑이 깊은 평화를 가져올 수 있다. 그들의 마음은 스러져 버리는 사랑이나 주관적인 쾌락에가 아니라, 고립된 그들을 끌어내어 일체가 되게 할 절대적이고 영원한 사랑에 목말라하고 있다.[5]

이와 마찬가지로 하나님은 우리가 결혼 생활에서 얼마나 자주 섹스를 해야 하는지를 말씀하시지 않고, 오히려 얼마나 드물게 그것을 억제해야 하는지를 말씀하신다. 성령의 열매와 마찬가지로, 당신은 당신의 사랑을 원하는 만큼 서로에게 표현할 수 있다. "이 같은 것을 금지할 법이 없느니라"(갈 5:23). 그것이 정욕을 따르는 것이 아니라 서로 나누는 사랑인 한, 결코 너무 많이 받는다거나 너무 많이 준다고 할 수는 없는 것이다. 그러므로 이 훈련은 잠시, 즉 '얼마 동안'이어야 한다.

"기도할 틈을 얻기 위하여": 목적이 있는 금욕

아마도 바로 이 훈련은 사람들이 결혼 생활의 영성에 대한 책에서 다루리라 기대하는 것일 것이다. 결혼 생활에서 영성 훈련을 다루고 있는 극소수의 책들 중 하나에서, 이블린과 제임스 화이트헤드(Evelyn and James Whitehead)는 영적인 훈련에 대해 말하는 것 그 자체가 "영과 육 두 세계의 균열, 즉 미심쩍게도 우리 눈에 보이지 않고 내세적인 영의 세계와 매우 가시적이고 제멋대로인 육의 세계의 균열"을 암시할 수 있다는 것을 인정한다. "이러한 균열이 있을 때, 영성은 성생활을 더 잘 하게 해주는 것이 아니라 그것을 절제하는 것과 관련되는 경우가 매우 흔하다."[6] 실제로 우리는 금식 훈련을 인정하는 것과 똑같은 이유로 성적인 금욕 훈련을 받아들일 수 있을 것이다. 즉 하나님께만 집중하여 초점을 맞추겠다는 더 큰 선을 위해서 그 자체로 선한 어떤 행위를 잠정적으로 멈추는 것.

바울은 결혼 언약의 정상적인 '의식'을 절제하는 이유는 **오직** '기도와 금식'만을 위한 것이라고 말한다. 그것은 상대방의 잘못에 앙갚음을 하기 위해서도 아니고, 더 높은 영성을 위해서도 아니고, 기독교적 봉사에 더 많은 시간을 내기 위해서도

아니다. 이 훈련은 오직 부부가 **집중하여** 함께 하나님을 추구하는 데 도움이 되는 경우에만 실천해야 한다.

나는 이 점을 조심스럽게 표현하기 원하는데, 왜냐하면 이 책은 성교를 **포함한** 전체적인 결혼 생활의 경험의 맥락에서 결혼 생활의 영성을 다루기 때문이다. 하나님은 우리가 결혼 생활에서 경험하는 **모든 것**, 결혼 생활의 모든 세속적인 것들, 그 상처와 소망까지도 모두 받으신다. 성은 하나님을 사랑하는 부부들에게 거룩한 것이다. 그러나 좋은 선물이라도 때로는 더 좋은 것을 얻기 위해 잠시 치워 두어야 한다.

부부의 서로에 대한 애착과 성적인 유대 그리고 하나님의 말씀을 경청하려는 소망을 함께 조화시키는 관상적인 결혼 생활의 영성이라는 모델을 계발한 저자는 거의 없다.[7] 그러나 사도 바울은 고린도전서 7장의 매우 어려운 말씀 가운데서 이것에 대한 열쇠를 제공한다. 거기서 그는 하나님을 위해서 독신으로 남는 것의 타당성에 대해 논의한다. 그는 "아내 있는 자들은 없는 자같이 하며"(29절)라고 말한다. 이 어려운 말씀의 이면에 있는 뜻은, 바울은 신자들이 기혼이든 독신이든 하나님을 향한 한결같은 마음을 갖기 원한다는 것이다.

기혼이든 독신이든 전심으로 주님께 헌신하도록 하기 위한 바울의 해결책은 각자의 삶을 그리스도와 그의 나라를 섬기기 위한 기회로 보는 것이다. 이것은 삶을 단순히 개인적인 만족을 위한 방편으로 보는 것과는 반대이다. 우리는 그저 결혼하거나 독신으로 있는 것이 아니라, 하나님을 **위해서** 결혼할 수 있고 하나님을 **위해서** 독신으로 있을 수 있다. 바울은 아마 **독신자들**에게—결혼을 한 적이 없든, 한 번 결혼을 했었든, 아니면 결혼을 하려고 하는 사람이든—이렇게 말할 것이다. "꿈에서 깨어나십시오. 결혼 생활은 하나님의 나라가 아닙니다. 당신이 온전히 하나님을 위해 산다면 독신으로 살면서도 온전한 그리스도인의 삶을 살 수 있습니다." 아마 바울은 **행복하지 않은 기혼자들**을 향해서는 "절망하지 마십시오. 그리스도인의 삶에는 결혼 이상의 것이 있습니다. 하나님을 위해 결혼 생활을 하십시오!"라고 말할 것이다. 어쩌면 바울은 **행복한 기혼자들**에게 가장 혼란스러운 말을 할지도 모른다. "행복한 결혼 생활에서 오는 복이 그리스도가 주시는 복과 동일한 것이라고 여기지 마십시오. 그분은 '심령이 가난한 자… [그리고] 마음이 청결한 자는 복이 있나니 저희가 하나님을 볼 것이요'(마 5:3-12)라고 말씀하신 분입니다." 무엇보다 먼저 하나님을 추구하는 것이 관상적인 결혼 생활인 것이다.

묵상(meditation)과 관상(contemplation)의 차이는 이 점을 분명히 깨닫는 데 도움이 될 것이다. **명상**은 이 세상의 일들로부터 하나님의 일들로 옮겨가는 과정이라고 정의할 수 있다. 결혼한 사람들은 이렇게 초점을 맞출 수 있는 명상적인 결혼 생활을 하라는 요구를 받는다. 그러나 영적인 삶에는 명상 이상의 것이 있고, 마찬가지로 결혼 생활의 영성에는 분주한 기독교적 활동 이상의 것이 있다.

예를 들면, 독신으로 하나님을 섬기는 것보다 배우자와 더불어 하나님을 더 잘 섬길 수 없다면 결혼하지 말아야 한다고 충고하는 것을 들은 적이 있다. 그러나 그것은 결혼에 대해 실용주의적인 기준을 적용하는 것이다. 그러한 결혼은 이 세상에서 하나님을 위하여 더 많은 일을 하게 하는 데는 유용하다. 그러나 만일 남편이 병들었다거나, 부부 중 어느 한쪽이 특정 사역의 중압감을 감당할 수 없다거나, 해외 사역을 하다가 병들어 돌아왔다거나, 한쪽이 정서적인 붕괴를 겪게 된다면 어떻게 하겠는가? 그렇게 되면 결혼 생활의 동기로서 하나님을 위해 하는 봉사는 무용지물이 된다.

결혼의 신비는 그리스도인의 사역에서 생산의 효율성보다 훨씬 더 깊은 데까지 나아간다. 우리가 보아온 대로, 열매와는 무관하게 결혼 관계 그 자체에 무언가 귀중한 것이 있다. 그것은 하나님 자신이 계시된 것이다. 또한 이 언약 관계는 바로 그 자체가 하나님께 나아가는 성례적 수단이기도 하다.

주님께 드리는 전적인 헌신은 하나님의 일에 집중하는 것이 아니라 하나님 그분께 집중할 것을 요구한다. 그러면 **관상적인** 결혼 생활이 더욱 잘 이해되기 시작할 것이다. 관상은 하나님의 **일들**—봉사, 활동, 교리—에 정성을 들이는 것으로부터 **하나님 그분께** 몰입하는 상태로 옮겨가는 과정이라고 정의할 수 있다. 성교를 즐기면서도 관상적일 수 있다. 그러나 함께 하나님께 집중하기 위해서 성적 금욕을 필요로 하는 경우들—아마도 중요한 결정을 내리는 중에—이 있을 것이다. 이러한 경우 관상은 결혼 생활의 성행위라는 선한 선물로부터 무엇보다 가장 선한 선물인 하나님 그분께 관심을 기울이는 것으로 돌아서는 일이 될 것이다. 그러나 이 훈련은 위험한 것이다.

사단의 시험을 피하기: 금욕의 위험

"너희의 절제 못함을 인하여 사단으로 너희를 시험하지 못하게" 하기 위하여 "얼마 동안"만 금욕하라는 바울의 충고는 진리의 소리이다. 오랜 기간 성적으로 금욕하는 것은 비정상적이다. 바울은 성교에 어떤 부정하고 비영적인 요소가 있기 때문에(비록 많은 그리스도인들이 그렇다고 확신하지만) 이 훈련을 권하는 것이 아니다. 내가 결혼하기 전 어느 나이 많은 그리스도인이, 하나님을 진실로 사랑하는 남자는 아내와 자주 사랑을 나누지 않는다고 내게 말했다. 바울은 이에 동의하지 않을 것이고 나 역시 그러하다. '영적인' 것은 사랑을 표현하고 필요를 채워 주는 것이며, 당신의 배우자가 더 사려 깊은 다른 사람과 정사를 나누고 싶은 유혹을 받을 빌미를 제공하지 않는 것이다.

그레그와 신시아의 재미있는 쪽지에 대한 이야기를 하려고 한다. 그들은 모든 것을 한꺼번에 하기 위한 만반의 준비를 하고(우리는 이렇게 권하지 않았음에도 불구하고) 우리 지역의 수도원에서 열린 "영적인 우정을 위한 주말 프로그램"에 참석했다. 그들은 이틀 동안 지키기로 한 침묵 훈련(이것은 부부 수련회에서 하기에는 전혀 바람직한 것이 아니다)에 더하여, 금식을 하기 원했다. 이것으로도 충분치 않다는 듯이, 그들은 성적 금욕이라는 인기 없는 훈련도 감행했다. 이것은 우리가 가르친 것이 아니라 그들이 그렇게 할 작정을 하고 온 것이었다는 점을 강조해야겠다. 그레그와 신시아는 오랜 기간 힘겹고 스트레스가 많은 업무와 사역을 하다가 수련회에 왔기 때문에 성적 금욕은 그들에게 너무나 어려웠고, 그것은 현명치 못한 처사이기도 했다. 그들의 성적인 사랑은 어쩌다가 마지못해 하는 것이었으며, 하루의 맨 마지막 피곤에 지쳐 있는 순간으로 밀려나 있었다. 그들은 서로에게 남은 찌꺼기를 주어 왔다. 수련회에서 그들은 프레저 계곡이 건너다보이고 2인용 침대가 있는 아름다운 방에 묵게 되었다. 이제 그들은 기도는 물론 서로를 즐길 수 있는 여유가 있었다. 그러나 그들은 훈련을 해야 했다. 저녁 무렵이 지나면서, 그레그는 더 이상 침묵을 지킬 수가 없어 신시아에게 쪽지를 보내기 시작했다. 다음 날 아침 그들이 그 메모들을 내게 보여 주었는데, 나는 그들의 기쁨 없는 헌신의 기록이 너무나 재미있어서 웃음을 터뜨렸다.

먼저 그레그가 "우리가 제일 좋은 방을 차지한 것 같군요. 그럴 자격이 없는 것 같은데"라고 썼다. 신시아는 대답하지 않으려고 했다. 그러자 그레그가 제안했다. "비가 오거나, 어둠이

깔리거나, 아니면 다른 안 좋은 일이 생기기 전에 산책을 합시다."

다시 한 번 신시아는 침묵의 훈련을 지켰다. 그러자 그레그가 이렇게 썼다. "더운 물이 곧 떨어질 게 분명해요. 찬물만 남기 전에 샤워를 해야겠어요." 몇 시간이 지나고, 그레그의 신체적인 욕구들이 모습을 드러내기 시작했다. 그는 "배가 고파요"라고 썼다. "저녁 식사가 끝나긴 했지만 주방에 슬며시 내려가서 빵을 몇 개 살짝 집어오면 어떨까요?" 신시아는 말려들지 않았다. 그레그는 세 코스로 된 다음 날 아침 식사를 거르지 않겠다고 결심했다. [그러나 최대의 아이러니로, 그레그는 모든 참석자들 가운데 제일 늦게 일어났고, 아침을 놓쳤으며, 헐레벌떡 뛰어 내려왔으나 설탕이 입혀진 프루트 루프(단 맛이 많이 나고 다양한 색깔의 고리 모양으로 생긴 어린이용 시리얼-역주) 한 그릇만이 남아 있을 뿐이었다. 그것은 건강식에 예민한 그에 대한 모욕이었다!] 그들의 마지막 메모는 밤 10시경에 쓰여졌음이 분명하다. 그레그가 "안아 줘요"라고 썼다. 신시아는 "당신이 끝까지 견디지 못할 줄 알고 있었다구요!"라고 썼다. 그녀는 말려들었다. 그러나 아무도 원치 않는 이 훈련을 실행할 또 다른 시간, 더 좋은 시간이 앞으로 있을 것이다. 얼마 안 있어 이 부부는 중대한 결정을 내려야 할 일에 직면했다. 그들은 서로에 대한 넘치는 사랑으로 금욕을 시작했다. 합의하에 짧은 기간 성적인 금욕을 함으로써 그들은 기도에 집중할 수 있었다. 그리고 하나님은 놀랍게 그들을 만나 주셨다.

실천에 옮기기

- 당신의 결혼 생활에서 성적인 애정이 차지하는 위치에 대해 이 장에서 무엇을 배웠는지 함께 이야기하라.
- 이 훈련을 실천했더라면 부부가 함께 기도에 집중하는 데 도움이 되었을 만한 과거의 어떤 상황이 있는지 회고해 보라.
- 현재나 미래의 어떤 상황들이 이 훈련을 실천하기에 좋은 경우가 될 수 있겠는가?
- 당신의 배우자가 성적 금욕을 하기에 적절한 때라는 생각이 들었을 때 당신에게 그 생각을 어떻게 전해 주면 좋겠는가?
- 어쩔 수 없이 성적 금욕을 해야 했던 경우—예를 들면 질병 때문에—두 배우자가 이것을 더 깊은 기도 생활과 다른 언어로 서로에 대한 사랑을 표현할 기회로 삼았더라면, 그것이 어떻게 더 깊은 의미를 가질 수도 있었을지 나누어 보라.

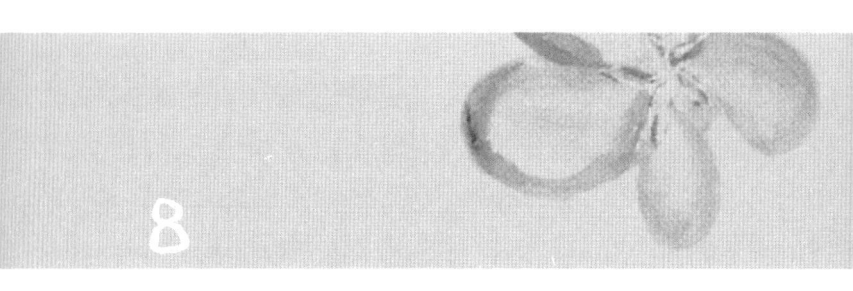

8

순종   함께 하나님의 뜻을 행하기

게일과 나는 중대한 결정을 내려야 했다. 당시 섬기는 교회에서 사역하는 것은 자비량 목공일을 하기 위해서였는데, 이 교회를 떠나 새로운 사명을 시작해야 하는가? 아니면 하나님은 우리를 위해 다른 어떤 계획을 가지고 계시는가? 결정을 내려야 하는 날을 불과 며칠 남겨 놓고, 하나님은 놀랍게도 직업상으로 내가 계속 원해 온 모든 것을 마련해 주셨다.[1] 나는 일생 동안 세 가지 사역 목표를 가지고 있었다. 첫째는, 내가 당시 섬기고 있는 교회의 목사가 되는 것, 둘째는, 캐나다의 특정 대학의 교목이 되는 것 그리고 셋째는, 평신도 훈련 센터에서 가르치는 것. 우리가 중대한 결단을 내려야 했던 그 주간에 나는 교목직에 지원하라고 제안한 대학의 총장으로부터 편지를 받았고, 훈련 센터에서 가르치라는 전화도 받았다. 그 둘 다 **나에게는** 기회였다—그러나 그것이 부부인 **우리를** 향한 하나님의 뜻인가?

"너희 중에 두 사람이 땅에서 합심하여 무엇이든지 구하면…" (마 18:19).

우리는 완전히 다른 대안을 한 가지 고려중이었는데, 그것은 도심의 빈민 지역에 여러 가정 교회를 세우고 소위 세속적인 직업을 갖는 것이었다. 이것은 원래의 세 가지 목표에는 없는 것이었다. 경건한 조언자들은 우리가 정신이 나갔다고 생각했고, 그것은 직업적인 자살 행위라고 경고했다. 그들은, 우리가 목공일과 작은 교회에서의 사역으로 스스로를 '낭비하고' 있다고 말했다. 우리 아이들이 아직 십대 초반이었기 때문에, 우리는 그렇게 논의의 여지가 있고 어려운 진로 문제는, 특히 일들이 잘못될 수 있는 상황에서는 부모가 알아서 결정을 내려야 한다고 보았다. 우리는 그들을 위해 위험을 무릅써야 하고 그들을 하나님께 맡겨야 할 것이다. 어린 자녀들은 복잡하고 어려운 가정사에 관한 결정을 내리는 책임을 감당할 수 없다(나중에 우리는 온 **가족이** 함께 또 다른 직업상의 결정을 내렸는데, 왜냐하면 당시 다른 도시로 이주하는 것은 게일과 나보다는 십대였던 우리 아이들에게 더 큰 영향을 미칠 것이기 때문이었다. 아이들은 우리 가족을 향한 하나님의 뜻을 분별하는

데 도움을 줄 수 있을 만큼 성장해 있었다).

우리는 20년 동안의 영적 우정으로부터 얻은 중요한 영적 원칙을 부여잡았다. **그것이 우리 두 사람 모두를 향한 하나님의 뜻이 아니라면, 한쪽 배우자가 아무리 하나님의 인도하심이 있다고 믿는다고 해도, 그것은 십중팔구 하나님의 뜻이 아니라는 것이다.** 그래서 나는 총장에게 편지를 쓰고, 거절 전화를 했으며, 단지 나만을 위한 것이 아니라 **우리를 향하신** 하나님의 뜻을 행하기 위해서 연장 벨트를 찼다.

그리스도는 결혼한 사람들을 개별적인 남편과 아내로서가 아니라 **부부로서** 인도하신다. 순종의 훈련은 부부를 위한 성장의 과정이다. 그것은 이 책에서 다루고 있는 다른 훈련들이 그러하듯이, 두 사람이 하나님을 향해 함께 가기에 충분히 넓은 길을 분명하게 열어 준다. 그러나 게일과 내가 깨달은 바로는, 실제로 이것은 복잡하고 어려운 과정이다. 우리는 함께 하나님의 뜻을 행하고자 하는 부부들이 깨뜨려야 할, 인도하심에 대한 몇 가지 신화들이 있음을 발견했다.

부부를 향한 인도하심에 대한 신화들

신화 1: 하나님은 당신 부부가 함께하는 인생을 향한 놀라운 계획을 가지고 계신다. 계획이란 모든 세부적인 사항들을 따라해야만 하는 건축 설계의 청사진과 같은 것이다. 어떤 세부 사항 하나를 지키지 못하면, 처음부터 다시 시작해야 할지도 모른다.

인도하심이란 '놀라운 계획'을 발견하는 것이라고 보는 사람들은, 자신이 하나님의 뜻 한가운데 있는지 아닌지를 알아보기 위해 자의식적으로 자신의 영적 생활의 맥을 짚어 본다. 한 가지 잘못된 것이 나타나면, 경기를 처음부터 다시 시작하기 위해 출발 지점으로 **돌아간다**! 그러나 때로는 다시 시작할 수가 없다. 이 신화는, 아무래도 자신이 결혼을 위한 하나님의 계획을 놓친 것이라는 슬픈 결론을 내리게 될 경우 특히 위험하다. 그러나 내 경우는 다른 영역에서의 경험을 통해 이 점을 절실히 깨닫게 되었다.

내가 회심을 한 그 주말에 설교자가 한 말 중에서 내가 기억하는 유일한 것은 거짓말이었다. 그 설교자는 "하나님은 나를 선교지로 부르셨습니다. 나는 가기를 망설였습니다. 그러자 하나님은 내가 절대 갈 수 없도록 만들어 버리셨습니다. 하나님은 오토바이 사고가 나게 하셨고, 지금은 모든 선교회가 절름발이가 된 나를 거절합니다!"라고 말했다. 그 날 내가 그 설교자를 통해서가 아니라 그리스도를 통해서 깨달음을 얻은 건 정말 다행이다. 하지만, 내 생각에는 사람들은 절대로 두 번째 기회를 주지 않는 주인이라면 그를 사랑하기보다는 오히려 미워하기가 더 쉬울 것 같다. 한 수 잘못 둔 것 때문에 이등급 그리스도인의 삶으로 운명지어진다고 상상해 보라! 우리 하나님은 계획보다 더 좋은 것을 가지고 계신다. 그분은 **목적**을 가지고 계신다.

계획을 따르는 것과 목적을 따르는 것의 차이는 도로 지도를 따라가는 것과 물살이 급한 강에서 카누를 타고 내려가는 것의 차이와 같다. 도로 지도는 변경의 여지가 거의 없고 실수를 용납하지 않는다. 그러나 강에서는, 강물을 따라 그 흐름에 자신을 맡기는 한, 조정할 수 있는 여지가 많이 있다. 하나님의 목적은 우리가 그분을 알게 되는 것과 그분의 나라가 임하도록 하는 일에 참여하는 것이다. 이 목적을 이루는 데는 여러 가지 방법들이 있다. 한 번의 실수 때문에―그것이 사실이든 추정된 것이든―우리 인생에 대한 하나님의 뜻을 놓쳐 버리고 마는 것은 아니다.

신화 2: 하나님의 뜻은 발견하기 어렵다. 이것은 이교도들이 생각하는 방식이다. 그래서 그들은 점술과 징조들을 통해 여러 가지 지침을 만들어 낸다. 그러나 그리스도 안에 있는 부부들에게 하나님의 뜻은 성경에 투명하고 명백히 드러나 있다. 하나님의 원대한 계획은 그리스도 안에서 모든 것을 새롭게 하는 것이다(엡 1:22-23; 3:10-11; 계 21:5). 이것은 어떤 차를 살 것인지, 또는 휴가 기간에 집에 머물 것인지 말 것인지를 아는 것보다 훨씬 더 중요하다. 흔히 인생은 세 가지 요소로 이루어진 카드 게임과 같다고 이야기한다. 게임을 하는 규칙, 우리에게 주어진 패, 우리가 그 패를 가지고 게임을 하는 방법.

성경은 게임 규칙과 우리에게 주어진 패를 **하나님의 뜻**이라고 부른다. 그리고 성경은 그렇게 주어진 패를 가지고 게임을 할 때 지혜를 사용하고 성령님이 우리를 인도하시도록 하라고 말한다(시 48:14; 25:9; 잠 3:5-6; 요 16:13). 부부들이 내리는 선택 가운데 99%는 그들이 이미 성경을 통해 알고 있는 하나님의 뜻에 대해 건전한 판단을 적용하고 기도함으로써 결정하는 것이다. 하나님의 직접적인 인도를 구한다고 말하는 것은 기독교적이기보다 오히려 이교적일 수 있다. 그리스도 안에 있는 부부들에게는 인도하심(guidance)보다 더 좋은 것이 있다. 즉 그들에게는 인도자(Guide)가 있다.

신화 3: 하나님은 당신을 대신해서 결정을 내리기 원하신다. 그것은 하나님이 원하시는 바가 아니다. 결정을 내려 달라는 열렬한 요청에도 불구하고 말이다. 많은 부부들은 하나님이 그들을 통제해 주시기를 간절히 기도한다. 그러고는 하나님이 왜 그 기도에 응답하시지 않는지 의아해한다. 우리 하나님은 자신의 형상을 닮은 창조물들을 너무나 존중하셔서 우리를 비인격화하실 수 없다. 머리이신 그리스도는 그분의 몸이 유아기에 머물러 있지 않고 성숙하기를 원하신다. 따라서 그분은 우리를 위해 결정을 내리시거나 조립 라인에 올려져 있는 수많은 로봇들처럼 우리 삶에 프로그램을 짜 넣기를 거부하신다(엡 4:13, 15). 예수님은 제자들에게 "이제부터는 너희를 종이라 하지 아니하리니…너희를 친구라 하였노니 내가 내 아버지께 들은 것을 다 너희에게 알게 하였음이니라"(요 15:15)고 말씀하셨다.

게일과 나는 하나님이 우리를 대신해서 결정을 내려 주셨다면 우리가 책임감을 덜 수 있었을 것이라고 생각하기도 했다. 그러나 그렇게 되면 예수님의 친구가 되는 존귀함도 역시 덜해졌을 것이다. 초미니 교회로서의 우리 결혼에 대한 하나님의 목표는, 머리이신 그리스도 안에서 자라는 것이다(엡 4:15). 부부들이 자신의 배우자나 하나님이 그들을 위한 결정을 내려 주실 때까지 소극적으로 기다리기만 한다면, 그런 일은 일어나지 않을 것이다!

신화 4: 하나님의 인도는 흔히 초자연적인 징조나 메시지에 의해서 분별된다. 하나님은 도심 지역 교회인 데이스프링 펠로우십(Dayspring Fellowship)을 시작하려는 우리의 결정을 격려가 되는 예언을 통해서 확인해 주셨다. 우리는 하나님이 우리와 함께하신다는 많은 징조들을 갖게 되었는데, 특히 우리에게 절실히 격려가 필요할 때에 그러했다. 그러나 이러한 징조들 어느 것도 그 자체로서는 결정을 내리는 기초가 되지 않았다. 하나님의 뜻은 우리 자녀들은 물론 우리의 삶 전체를 볼 때 올바른 것이어야 했다.

다른 신자가 준 하나님의 직접적인 말씀인 예언에 기초해서 인생의 중요한 결정을 내리는 것은 위험한 일이다. 예언은 우리가 다른 방법들을 통해 깨달은 하나님의 뜻을 확인해 주는 것이어야 한다(고전 14:3). 사도행전에서는 신자들이 끊임없이 그들의 구속된 판단력(redeemed judgment)을 사용한다(행 6:3; 15:36; 20:16; 또한 롬 1:10-13; 고전 16:4-9; 고후 1:5-

2:4). 베드로가 보았던 정결치 못한 동물의 환상처럼(행 10:9-23) 초자연적인 징조와 같은 경우들은 **모두** 그들이 먼저 구하지 않은 것이었다. 이미 하나님의 뜻이라고 알고 있는 것을 실행에 옮겨야 할 그 때에 오히려 신비적인 계시를 기다리는 부부들이 가끔 있다.

신화 5: 하나님의 뜻은 보통 '열린 문'과 관련이 있다. 게일과 내가 그랬던 것처럼, 세 개의 활짝 열린 문―셋 모두 개인적으로 꿈꾸어 오던 것―과 한편으로 문제가 있는 살짝 열린 한 개의 문에 마주하게 되었다면, 당신은 어떻게 하겠는가? 어떤 경우 열린 기회의 문들(고전 16:9)은 들어가야 한다. 그러나 닫힌 문들 중에도 하나님의 목적을 위하여 부수어야 하는 것들이 있다(행 4:18-20). 열린 문이나 닫힌 문에 의해 인도를 받는 것은 하나님의 뜻을 행하기 위해 상황을 **변화시키기보다는** 상황을 **따라간다는** 의미이다.

우리는 보이는 것으로가 아니라 믿음으로 걸어가라는 부르심을 받는다. 믿음으로 걷는다는 것은 우리 삶을 자신이 처해 있는 상황에 의해서가 아니라 하나님을 믿는 믿음으로 이해하는 것을 의미한다. 우리가 다른 사람의 삶에 대해 이야기할 때면, 우리는 어떤 것이 하나님의 뜻이었다고 말하는 일에서 매우 선택적이다. 예를 들면, 어떤 일이 잘 되어 가고 그리스도인으로서 그들의 삶이 열매 있는 것처럼 보일 때 우리는 그렇게 말한다. 그렇다면 한 사람의 회심자가 생기기까지 인도에서 14년 동안이나 사역한 윌리엄 캐리는 하나님의 뜻을 행한 것인가? 때로는 '징조'가 부정적으로 보일지라도, 우리는 결과를 하나님께 의탁하고 계속 나아가야 한다. 믿음으로 걷는다는 것은 상황이 얼마나 잘 풀리는지에 초점을 맞추는 것이 아니라, 하나님 안에서 우리의 만족과 평화와 안전, 기쁨을 추구하는 것을 의미한다.

우리가 믿음으로 걸어간다면, 우리가 느끼는 것과 하는 일에 대한 이유를 언제나 제시할 수는 없을 것이다. 그것이 믿음의 특성이다. 우리가 가진 이유들은 언제나 누군가는 만족시키지 못할 것이다. 믿음으로 걷는다는 것은 우리가 **다른 사람**에 대해 그가 언제 하나님의 뜻을 행했다고 말할 수 없다는 의미이다. 우리는 오직 우리 스스로 하나님께 대답해야 한다. 바울이 친구들의 예언적인 경고를 거스르고 이방인의 선물을 예루살렘에 가져가려 했을 때, 바울의 친구들은 마지못해 "주의 뜻대로 이루어지이다"라고 말했다(행 21:4-14). 그러나 분명 바울은 "친구여, 바로 그것이 내가 지금 하고 있는 일이라오.…하나님의 뜻 말이오!"라고 생각했을 것이다. 바울은 이방인 신자들과 유대인 신자들 사이에 가교를 놓으라는 하나님의 말씀을 가지고 있었고(갈 1:16; 2:9; 롬 15:15-29), 어떤 닫힌 문도 그를 멈추게 할 수는 없었다. 이것은 하나님의 뜻을 행하는 부부들에게도 마찬가지다.

신화 6: 실수를 했을 때에는, 할 수 있다면 뒤로 돌아가서 다시

시작해야 한다. 게일과 나도 우리가 실수를 했다고 생각할 만한 때가 있었다. 일은 너무 어려웠다. 우리는 리더십에서 관계의 문제에 부딪혔다. 나는 가족들을 부양하기 위해서 생각했던 것보다 더 열심히 목공일을 해야 했고, 그래서 주중 외에 주말에도 일을 해야 했다.

결혼 생활에서 이 신화는 특별히 위험하다. 사는 것이 힘겨워질 때, 어떤 부부들은 그들이 하나님의 뜻을 벗어나서 결혼했다고 생각하여, 이혼을 하고 다시 시작한다. 그러나, 실패를 하고 인생이 힘겨워진다는 것이 우리가 하나님의 뜻을 벗어나 있다는 표시는 아니다. 하나님이 우리를 사랑하시기 때문에 우리를 훈련시키시고 불필요한 것들을 잘라내시는 것인지도 모른다. 우리는 바울이 최악의 곤경에 빠져 있을 때에도—돌에 맞고, 마을 밖으로 끌어 내쳐지고, 모욕을 받았던—돌이켜 보면 그가 분명히 하나님의 뜻 안에 있었다는 것을 안다. 오늘날에는, 하나님의 뜻은 안락하고 부유하고 문제가 없는 생활로 인도하시는 것이라는 이단적인 관념이 존재한다. 바울은 마르스 언덕(행 17:22, KJV를 참고하라. 개역 성경에는 '아레오바고'로 되어 있다—편집자 주)에 있었을 때와 마찬가지로 감옥 안에서도 똑같이 하나님의 뜻 가운데 있었다. 바울은 비록 이방인들이 보내는 사랑의 선물을 예루살렘의 가난한 성도들에게 전한 일이 그의 여생 동안 감옥을 전전하게 하는 결과를 낳았다고 해도, 그것을 결코 후회하지 않았을 것이다.

은혜는 인생을 다시 사는 것과는 정확히 반대되는 의미이다. 그것은 우리가 과거에 받은 영구적인 손상에서 벗어나, 영광스러운 미래를 기대하면서 온전히 현재를 살아갈 수 있게 해준다. 하나님은 그분의 주권 가운데서 우리의 실수들과 우리 삶에 영향을 미치는 다른 사람들의 실수 모두를 우리를 향하신 원대한 목적 속으로 편입시키신다. 요셉은 자신을 애굽에 노예로 팔았던 형들에게 "당신들은 나를 해하려 하였으나 하나님은 그것을 선으로 바꾸셨다"(창 50:20)고 말했다. 그런 하나님과 함께하는 사람은 결코 멸망할 수 없다! 유일하게 중대한 실수가 있다면, 그것은 하나님의 뜻을 행하기를 **원하지 않는** 것이다.

일치를 원함

바울이 에베소인들에게 "주께 기쁘시게 할 것이 무엇인가 시험하여 보라"(엡 5:10)고 말했을 때, 그는 인도하심을 받는 마음에 대해 말한 것이다. 앞으로 살펴보겠지만, 하나님은 대부분의 부모나 어떤 배우자들보다 더 쉽게 기뻐하신다! 우리가 부부로서 하나님의 뜻을 찾으면서 하나님을 기쁘시게 할 수 있는 방법은 적어도 세 가지가 있다. 에베소에 보낸 바울의 편지 전체는 다양성 속에서 일치를 이루시려는 하나님의 결연한 목적에 대한 진술이다. 이것을 보여 주는 최고의 실례는 이방인과 유대인을 묶어 한 새 사람을 지으시고(2:15-16), 그들이 동료 시민이 되게 하신 것이다. 유대인이든 이방인이든 그리스도 안에 이등급은 없다.

케냐에 있는 아프리카 형제 교회의 신학교에서 에베소서를 가르칠 때, 나는 이 이중적인 화해-하나님과 인간, 인간과 인간-가 진정 얼마나 혁명적인 것인지를 보게 되었다. OHP가 없다고 당황하는 나를 자책하면서, 나는 이 검소한 교실에 있는 칠판에 부서진 벽을 그렸다. "지난 주에 우리는 그리스도의 사역은 예루살렘 성전에서 유대인과 이방인들을 갈라 놓았던 벽을 허문 것과 같다고 배웠습니다(엡 2:14). 그 벽은 그들 사이에 있었던 적대감을 상징했습니다. 그러면 이제, 여러분의 나라에서 한 가족을 이루는 일에 기적이 필요한 사람들이 있다면 어떤 그룹인지를 말해 봅시다. 심지어 교회에도 거의 상종하지 않는 부족들이 있지 않습니까?"

당황해하는 침묵이 흘렀다. 에스겔(그의 세례명이다)이 손을 들었다. "왈리무, 캄바족과 마사이족은 최대의 원수입니다"라고 그가 말했다. 하지만 나는 서로 도저히 화해할 수 없을 정도로 나누인 이 사람들이 함께 **있는** 교회들이 있다는 것을 생각해 냈다. 우리는 모든 부족을 끌어안는 초부족(super-tribe)으로서의 교회라는 놀라운 실체를 탐구했다.

에베소서 4장에서 바울은 일치의 교리를 교회에 적용한다. 그리고 5장에서는 결혼에, 6장에서는 부모와 자녀, 노예와 주인에게, 나아가 피고용인과 고용주에게 적용하고 있다. 사람들의 차이를 인정하며 겸손과 온유 가운데 피차 복종하는 것은 공동체가 성령으로 충만하다는 것과 관계 있는 표지다(4:3; 5:18, 21).

때로 나는 하나님이 일치 이외의 그 어떤 것에 관심이 있으실까 하고 생각할 때가 있다. **남편과 아내가 마음이 모아질 때까지 대화하고, 기도하고, 귀기울이고, 기다리는 것은 단지 좋은 결혼 생활을 위한 전략이기만 한 것이 아니다. 그것은 부부가 어떤 결정을 내리는 유일한 성경적인 방법이기도 하다.** 하나님은 그분의 일이 이루어지는 것보다 남편과 아내의 일치에 더 많은 관심을 가지고 계신 것이 분명하다. 반복해서 말하는데, 만약 그것이 두 사람 모두를 향한 하나님의 뜻이 아니라면, 한쪽 배우자가 아무리 하나님의 인도하심이 있다고 믿는다고 해도, 그것은 하나님의 뜻이 아닐 것이다.

인도가 아닌 인도자를 구하기

놀랍게도 성경에는 '인도'(guidance)라는 말이 나오지 않는다. 대신에 성경은 인도자와 인도받는 자에 대한 세 가지 이미지를 제공해 준다. 먼저 **양과 목자**가 있다(시 23편; 요 10장). 목자는 "이름을 각각 불러 인도하며"(요 10:3), 양은 "그의 음성을 듣고"(10:3), "그의 음성을 아는 고로"(10:4) "그를 따른다"(10:4).

부모와 자녀라는 이미지도 있다. 하나님 아버지는 그분의 아들의 영을 우리 마음 가운데 보내셔서 그분의 가족의 일원이 되는 자유와 동기와 특권을 주신다(갈 4:1-7; 롬 8:15-17). 부모들이 자세하게 가르치면서 자녀들을 엄밀히 감독하다가 조금씩 자유와 책임을 부여하는 것과 같이, 하나님—**아버지** 또는 **어머니**라는 단어가 의미하는 것 그 이상의 분이신—은 우리를 그리스도 안에서 성숙하게 만들기로 작정하셨다(골 1:28; 엡 4:13).

마지막으로, **친구와 친구**라는 이미지가 있다(요 15:13-16). 우리의 친구 되신 예수님은 그분의 아버지의 일과 그 목적을 우리에게 말씀하시고, 그렇게 해서 우리는 하나님 아버지의 마음을 알게 된다. 종과는 달리, 우리는 그분이 원하시고 명령하시는 것을 행하는 쪽으로 결정을 내리도록 부름받는다. 이 세 가지 이미지 모두, 인도자와의 관계가 인도자의 정확하고 세부적인 가르침을 받는 것보다 중요하다는 점을 전달한다. 부부 순종 훈련의 커다란 유익은 훌륭한 결정 방법을 배우는 것이 아니라, 하나님을 더 잘 알게 된다는 것이다. 결혼 생활의 다른 모든 훈련과 마찬가지로, 부부의 순종은 하나님께 나아가는 한 가지 경로이다.

결정을 내렸을 때 하나님을 신뢰하기

상황을 변화시킬 수 없는데도, 자꾸 재고하게 되는 것 때문에 괴로워해 본 적이 있는가? "다른 여자랑 결혼했더라면, 다른 직업을 가졌더라면, 다른 교회에 등록했더라면 어땠을까?" 이미 결정을 내렸다면, 자꾸 뒤를 돌아볼 필요가 없다. 하나님 나라의 쟁기를 손에 잡은 후에는 뒤를 돌아보지 말아야 한다.(눅 9:62). 그러나 많은 그리스도인들이 쟁기에 백미러를 달아 놓는다! 그 결과는 마찬가지다. 옴짝달싹할 수 없게 되는 것이다.

나는 페르시아 양탄자를 만드는 방식을 좋아한다. 먼저 양탄자의 몸체를 팽팽히 잡아당기기 위해 두 개의 긴 장대를 세운다. 계획된 디자인 전체를 알고 있는 양탄자의 명장이 한 편에 서서 다른 편에 서 있는 직조공이 실을 집어넣을 수 있도록 실의 색깔과 위치를 불러 준다. 그러다 보면 불가피하게 의사 전달과 이해의 과정에서 실수가 생기게 마련이다. 직조공은 잘 모르지만, 자기 편에서는 확실하게 보이는 실수를 발견한 디자이너는 그것을 참작하여 전체 디자인을 변경한다. 그의 목적은 세부적인 계획보다 중요하다. 우리 하나님은 우리가 행한 바와 무관하게 우리 삶을 아름답게 만드실 수 있다. 그렇지 않다면 복음은 오직 흠 없는 사람에게만 좋은 소식이 될 것이다.

게일과 나는 1975년의 그 중대한 주간에 우리가 과연 바른 결정을 내린 것인지 다시 생각해 보려는 유혹을 종종 받아 왔다. 그러나 우리는 우리가 저지를 수 있는 유일한 실수는 하나님의 뜻을 행하기를 원하지 않는 것임을 알고 있다. 때로는 한참 후에까지도 우리가 어떻게 하나님의 뜻을 행했는지 정확히 알지 못하는 경우도 있다. 이제 수 년 동안 지나간 일들을 하나님의 영감으로 돌아보니, 우리가 그 주간에 하나님의 뜻대로 행했음을 알 것 같다. 우리는 또한 인도하심에 대한 우리의 원칙이 한 번도 틀리지 않았다는 것을 알고 있다. 그러므로 여기서 다시 한 번 반복하는데, **그것이 두 사람 모두를 향한 하나님의 뜻이 아니라면, 한쪽 배우자가 아무리 하나님의 인도하심이 있다고 믿는다고 해도, 그것은 십중팔구 하나님의 뜻이 아니다.**

결혼 생활은 "너희 중에 두 사람이 땅에서 합심하여 무엇이든지 구하면 하늘에 계신 내 아버지께서 저희를 위하여 이루게 하시리라"는 예수님의 말씀의 진리를 깨달을 수 있는 심원한 기회이다. 그 다음 구절에서 예수님은 의사 결정에서 그러한 연합이 능력 있는 이유를 제시하신다. "두세 사람이 내 이름으로 모인 곳에는 나도 그들 중에 있느니라"(마 18:20). 순종의 훈련이 부부가 하나님께 나아가는 한 가지 경로가 되는 이유가 바로 거기에 있다.

실천에 옮기기

이 장을 당신의 결혼 생활이나 부부 중 한 사람의 인생의 어떤 영역에서 의사 결정을 내리는 데 적용해 보는 기회로 삼으라. 그것은 직업과 관련된 결정이거나 이사를 하는 결정 아니면 가족들에게 다시 에너지를 쏟아야 할 필요일 수도 있다. 만일 어느 한 사람이 아직 준비가 되어 있지 않다고 느낀다면, 나중에 두 사람 모두가 온전히 참여하는 데 동의할 때 다시 이 주제로 돌아오는 편이 나을 것이다. 그러나 어느 한쪽이 의사 결정을 막연히 연기하여 결국 참여하기를 거절함으로써 상대방을 '인질'로 잡는 일은 없어야 한다. 무관심은 결정 과정을 조종하는 수단으로 사용될 수 있다. 결국에 "우리는 함께 하나님의 뜻을 행했습니다"라고 말할 수 있도록 결정하기를 원하는 문제를 정하라. 기도 가운데 동의하게 되면, 다음 단계들을 밟아 갈 수 있도록 하나님의 도우심을 구하라.

  1. 당신 부부는 지금 '인도하심'에 대한 다음과 같은 신화들 때문에 하나님의 뜻을 행하는 데 방해를 받고 있지는 않은가?

- 하나님은 우리 인생을 위한 청사진을 가지고 계신다.
- 하나님의 뜻은 발견하기 어렵다.
- 하나님은 우리를 위해 결정을 내리시기 원하신다.
- 하나님은 초자연적인 징조나 메시지를 통해 가르쳐 주실 것이다.
- 하나님의 뜻은 '열린 문'과 관련되어 있다.
- 만일 실수를 한다면, 우리는 다시 시작해야만 한다.

  2. 둘 중 어느 한쪽이 혼자 이것을 실행에 옮기기 전에, 두 사람이 합의할 때까지 기다릴 의사가 있는가? 그렇지 않다면, 이유가 무엇인가?

    부부가 합의를 볼 수 있을 때까지 기다린다면 이 문제에서 얻게 될 유익은 무엇인가?

    둘 중 어느 한 사람이 그것이 '주님의 뜻'이라고 믿고 앞서 간다면, 경험하게 될 어려움은 무엇이겠는가?[2)]

3. 어떤 점에서 당신 부부는 인도자를 원하기보다 인도하심을 원하는가?

4. 당신 부부는 부부로서 어떻게 주님을 목자와 부모와 친구로 경험해 왔는지 몇 가지 구체적인 점들을 상기해 보라.

5. 당신 부부가 아직도 부부로서 함께 기도하지 않고 있다면, 지금이 시작하기에 좋은 기회일 것이다! 대부분의 부부들은 이러한 문제들에서 그들의 마음이 하나님의 뜻에 도달할 때까지 거듭 주님께 돌아갈 필요가 있음을 깨닫는다. 이 약속을 마음에 새기라. "너희 중에 두 사람이 땅에서 합심하여 무엇이든지 구하면 하늘에 계신 내 아버지께서 저희를 위하여 이루게 하시리라."

9

고백 그리고 용서라는 수술

"내가 외도를 했다는 사실을 남편에게 말해야 한다고 생각하시나요?" 목회를 하면서 이따금씩 이런 질문을 받을 때면, 나는 이것이 결혼 생활의 영성에서 중대한 문제라는 것을 알게 된다. 나는 감히 조언을 할 용기가 없다. 그러나 내게는 그리스도인의 사랑으로 인해, 두 가지 대안을 고민해야 할 의무가 있다. 하나는 '구원의 거짓말'(saving lie, 불안정하나마 결혼 생활을 지속시켜 줄 꾸며 낸 이야기)을 하는 것이고, 다른 하나는 고백을 하는 것이다. 하지만 나는 고백은 파괴적인 결과를 가져올 수도 있다는 것을 알고 있다. 어떤 결혼 관계는 그런 극단적인 상황에서는 고백이라는 수술을 견뎌 내지 못한다. 아마 그 결혼은 '구원의 거짓말'로도 살아남지 못할 것이다.

일반적으로, 신뢰할 수 있는 그리스도인 지도자에게 먼저 모든 것을 고백하고, 쓰레기 더미로부터 벗어나는 것이 좋을 것이다. 죄를 지은 배우자는 먼저 주님의 용서를 구하는 것이 절실하다. 종종 우리는 사람의 입술에서 나오는 그리스도의 말씀을 듣기 전에는 용서받았다고 느끼지 못한다. 대개 깨어진 관계로 인해 너무나 무거운 짐을 지고 있는 사람은 상처받은 배우자에게 그러한 고백을 할 적절한 시간과 방법을 찾는 일에 도움이 필요하다. 그러나 나는 누구든지 그런 죄를 고백하고 용서를 구한 사람은 다시는 똑같은 죄를 짓지 않을 것을 안다. 결혼 생활도 마찬가지일 것이다.

고백의 내면적 논리

개인적으로 나는, 예수님의 두 제자가—이 경우에는 결혼으로 맺어진—온전한 고백과 용서가 없이도 '빛 가운데 행하고' 교제할 수 있다는 것은 상상할 수도 없는 일이라고 생각한다. 그리스도인에게 고백은 단순한 영적 훈련일 뿐 아니라, 은혜이다. "저가 빛 가운데 계신 것같이 우리도 빛 가운데 행하면 우리가 서로 사귐이 있고 그 아들 예수의 피가 우리를 모든 죄에서 깨끗하게 하실 것이요"(요일 1:7). 결혼은 가장 친밀한 인간관계이기 때문에, 상처를 입힐 기회가 매일 있고, 따라서 고백의 훈련을 실천할 기회도 매일 있다.

고백의 영적인 짝은 용서다. 전자는 상처를 준 사람에게 해당하고, 후자는 상처를 입은 사람에게 해당한다. 그러나 용서는 죄인이 자기 자신을 용서하기까지는 끝나지 않는다. 그것은 예수님이 십자가에서 죄를 대속하시기에 충분한 일을 행하셨고, 더 이상의 십자가형은 필요없다는 것을 실제로 믿는다는 표시이다. 때로는, 상처를 준 사람이 용서해 주지 않을 때에도 상처를 입힌 사람은 하나님의 용서 안에서 안식해야 한다. 이것은 영적인 씨름일 수 있다. 이것은 항상 시간이 필요한 일이다. 때로는 오랜 시간이 필요하다.

에베소서 6장에서 사도 바울은 "우리의 씨름은 혈과 육에 대한 것이 **아니요**"(12절, 강조는 저자의 것)라고 말한다. 다른 곳에서 바울은 인간이 죄를 통해서 갖게 된 본성인 '육'의 범주 하에서 영적인 삶에 발생하는 갈등을 다루고 있다(롬 7-8장). 그 싸움은 그리스도인의 **내면에서** 진행된다. 그러나 제롬과 토마스 아퀴나스가 그랬던 것처럼, 그것을 단순히 욕정에 대한 싸움이라고 본다면 우리는 영적 전쟁을 잘못 이해하고 있는 것이다. 우리는 전체적인 체제, 그야말로 바울이 "정사와 권세와 이 어두움의 세상 주관자들과 하늘에 있는 악의 영들"(엡 6:12)이라고 불렀던 체제들의 체제(a system of systems)와 싸우고 있다. '단순한' 이기심은 말할 것도 없이, 전염병처럼 퍼져나가는 이혼이나 만연해 있는 성적 불성실은 악한 빙산의 일각일 뿐이다. 몇몇 기업들이나 전문가 집단이 만들어 내는 우상 숭

배적인 요구 사항들과 개인적인 자기 실현을 향해 달려가는 자아 도취적 충동은 '다른 쪽'에서부터 언약을 위협하러 오는 세력들이다.

그리스도 안에 있는 어떤 부부도 그들의 결혼 생활을 위협하는 무서운 적의 실체를 무시할 수 없다. 마귀는 인격적인 특성을 가진 사악한 영적 존재로서, 우리가 하나님을 의지하지 못하도록 결혼을 포함한 삶의 구조들을 자신의 식민지로 만들어 왔다. 그리스도 안에서의 일치가 가지는 놀라운 능력을 알고 있는 사단은 결혼 생활 영성의 주된 적이다. 그는 속임수의 명수이므로, 명백하게 사단적인 방법을 쓰지 않고 다른 죄인을 비난하는 것과 같은, 겉으로 보기에는 영적인 방법으로 우리에게 다가올 것이다. 그는 "우리 형제들을 참소하던 자"(계 12:10)로 불리는데, 결혼한 사람들은 하나님의 자녀-결혼 상대자나 심지어는 자기 자신-를 정죄하는 사단의 일에 동참함으로써 자기도 모르게 그의 공범이 될 수 있다.

사단이 그리스도인의 결혼 생활에 들어올 때 제시하는 가장 흔한 티켓은 단지 용서를 거절하는 것이다. 바울은 "해가 지도록 분을 품지 말고 마귀로 틈을 타지 못하게 하라"(엡 4:26-27)고 경고한다. 고백하지 못하고 용서하지 못하면 하나님의 (그리고 배우자의) 선하심을 의심하게 되고, 마침내 영혼이 고통받는다. 사단은 그리스도인의 결혼을 갈라 놓기로 작정하였다. 북미 기독교 지도자들의 결혼 생활이 붕괴되고 있는 광범위한 현상은 어두움의 세계로부터 나온 사악한 음모의 일부이다. 우리는 그것을 무의식적으로 방조해 왔다. "우리가 그 궤계를 알지 못하는 바가 아니로다"(고후 2:11)라고 우리가 말할 수 있기를 바란다. 고백 훈련은 이 영적 전투에서 이기는 데 결정적인 것이다.

결점을 고백하기

우리는 말과 행동 모두에 대해 그리고 간음에서부터 잘못된 재정 관리에 이르는 모든 잘못들에 대해 고백하는 훈련을 해야 한다. 그러나 그것 말고도 우리의 결점, 약점 그리고 죄를 범하는 경향도 고백해야 한다.

나는 과로를 하는 경향이 있다. 내게 다른 사람의 인정을 구하는 욕구가 있는지 아니면 내가 하나님의 부르심을 받아 심오한 해방을 경험하고 있는 건지 모르겠지만(둘 다 어느 정도 맞는 것 같다), 아무튼 나는 125%를 쏟아 붓기 원한다. 가끔 나는 내가 영화 감독 스티븐 스필버그와 좀 비슷하다는 느낌이 든다. 때때로 그는 아침에 일어나면 영화에 대한 아이디어가 너무나 많이 떠올라서 거의 아침을 먹을 수가 없을 지경이라고 불평한다. 나는 내가 하는 일을 사랑한다.…그런데 때로는 지나치게 사랑한다. 나는 결혼 생활과 가족이 사역과 일보다 높은 우선순위를 가지고 있다고 믿지만, 때로는 게일과 부모님(그분들이 살아 계실 때)과 아이들을 희생시킨 적도 있다. 이것은 고백할 필요가 있는 점이다. 그리고 게일의 용서뿐만 아니라 그녀의 도움이 필요하다.

야고보서 5:16은 "너희 죄를 서로 고하며 병 낫기를 위하여 서로 기도하라"고 말한다. 이것은 지구의 구조에 단층 지대가 있음을 인정하는 것처럼, 우리의 약점을 고백하는 것을 의미한다. 이렇게 하면 배우자는 우리가 죄를 지을 수 있는 가능성이 있음을 알고 기도할 수 있고, 예방하는 치료를 실행할 수 있다. 단층 지대는 지진이 일어났을 때 가장 심각한 피해를 입을 수 있는 지점이다. 결혼 생활의 단층 지대는 스트레스로 인해 비극이 일어날 수 있는 부분이다. 그러나 주님의 은혜는 약함을 통하여 강함을 주시는 것이다(고후 12:9-10). 우리가 우리의 약점에 대해서 서로에게 정직하다면, 그리고 인간적인 어려움이 있는 바로 그 지점에서 그리스도께로 향한다면, 우리의 약점은 결국 영적인 우정을 세우는 자산이 될 수 있을 것이다.

기독교를 독특하게 하는 것은, 하나님이 우리의 약점에도 **불구하고**가 아니라 그것 **때문에** 우리를 통하여 빛을 발하신다는 것이다. 바울은 우리가 그리스도 안에 있는 지금은 얼굴의 베일을 벗을 수 있고, 그리하여 우리 안에 실제로 무슨 일이 진행되고 있는지 드러난다고 말한다(고후 3:18). 우리는 "저와 같은 형상으로 화하여 영광으로 영광에"(고후 3:18) 이르는 중이기 때문에, 두려움 없이 자신의 진실한 형편을 서로에게 고백할 수 있다.

우리의 변형은 진행중이다. 그러나 우리가 자신의 죄와 결점을 덮어 버리거나 상대방이 그것을 고백했을 때 진지하게 받아들이기를 거절한다면, 우리는 하나님이 하고 계시는 일을 볼 수가 없다.

고백과 결혼 생활과의 관계는 세례와 그리스도인의 삶과의 관계와 같다. 그것은 단순한 의식이 아니라 변화의 도구다. 베드로는 세례에 대해 "예수 그리스도의 부활하심으로 말미암아…선한 양심이 하나님을 향하여 찾아가는 것이라"(벧전 3:21, 저자가 인용한 RSV를 직역하면 '하나님께 선한 양심을 간청하는 것이다'가 된다—역주)고 말한다. 세례는 박힌 말뚝이고, 행동으로 나타난 기도이며, 죄 씻음을 위한 호소이고, 환불되지 않는 믿음의 투자이다. 고백도 마찬가지다. 결혼 생활에서 그것은 정결한 양심을 간청하는 것이며 그 효과란 환불할 수 없는 것이다. 실제로 죄를 지은 경우 고백이 용서와 만날 때, 사단은 패배하고, 우리의 영적인 대적은 숨을 곳을 찾아 달려가며, 그 진지는 하나님의 능력으로 무너지고, 하나님은 관계상의 평화를 주신다(고후 10:4).

그런데 왜 우리는 이 훈련을 그렇게 꺼리는가?

그것은 우리 자신이 깨어지는 것을 허용하지 않기 때문이다. 실제로 우리는 빵과 포도주로 빚어지기를 기다리고 있는 밀가루와 으깨진 포도임에도 불구하고, 그 지독한 자존심 때문에 자기 방어의 벽을 세우거나 흠 없는 외양을 꾸며 낸다. 성전에서 기도하는 바리새인과 같이, 우리는 하나님을 의롭다고 하기보다 우리 자신을 의롭게 보이려 한다(눅 18:9-14). 그러나 역설적이게도, 하나님의 의로우심을 인정하고 자신을 낮춘 세리는 의롭다 하심을 받고 높임을 받아 돌아갔지만, 반면에 스스로 의롭게 보이려고 했던 바리새인은 의롭다고 인정받지 못한 채 집으로 돌아갔다. 이것이 복음의 원칙이다. "무릇 자기를 높이는 자는 낮아지고 자기를 낮추는 자는 높아지리라"(14절).

결혼 생활은 바로 그 안에서 복음이 일상의 현실이 될 수 있는 환경이다. 영성은 어쩔 수 없이 일상적이다. 복음도 마찬가지다. 하나님의 의로우심을 인정한다면—상황에 대한 하나님의 시각을 인정하고 그분이 영광받으시기를 원함으로써—우리는 스스로를 의롭다 하지 않을 것이다. 그러나 복음의 기적은, 하나님이 십자가에서 이루신 일로 인하여 불경한 자들을 의롭다 하실 수 있다는 것이다! 인간적인 관점에서 보면, 복음은 지독히도 비도덕적이다—모든 바리새인들이 그렇게 생각했다(눅 15:25-32). 그러나 믿음은 그것을 놀라운 선물로 이해하고 그것을 기뻐한다.

고백을 통해서 우리는 모든 것을 얻게 되며, 자기 의 외에는 잃을 것이 아무것도 없다. 이런 종류의 깨어짐은, 특히 그것이 용서와 결합될 때, 우리의 결혼을 온전하게 만들어 줄 수 있다.

언약적 용서를 베풀기

용서는 기억하고, 망각하고, 탕감하고, 존중하고, 새로운 것을 창조하는 것을 포함한다. 용서를 베풀기 위해서는 우리 자신이 하나님으로부터 전적인 그리고 완전한 용서하심을 받았다는 것을 **기억**할 필요가 있다. 비교해 보면 우리가 서로에게 진 빚은 보잘것없는 것이다. 우리는 우리의 맹세와 약속들을 기억할 필요가 있다. 결혼 서약을 하면서 우리는 오직 죽음만이 우리를 갈라 놓을 것이라고 말했다. 간음은 용서의 문제이지, 이혼의 문제가 아니다. 더 작은 죄들 역시 용서할 수 있는 것들이다.

용서는 **망각**한다는 의미이다. 아마 어떤 일이 일어났다는 그 사실, 특히 간음이나 신체적 학대와 같이 폭력적인 일들은 잊혀지는 것이 거의 불가능할 것이다. 하나님이 친히 우리 죄를 잊어버리신다는 것은 하나님의 위대하심의 한 가지 신비임이 분명하다. 그분은 "내가 그들의 죄악을 사하고 다시는 그 죄를 기억지 아니하리라"(렘 31:34; 또한 히 8:12을 보라)고 말씀하신다. 우리는 적어도 이것을 우리의 궁극적인 대제사장으로부터 배울 수 있다. 용서는 망각을 수반하는 것이다. 더 많이 용서할수록, 더 많이 잊어버리게 된다. 망각한다는 것이 우리 마음 속 깊은 기억에 저장된 사실을 떠올릴 능력이 없다는 의미는 아닐 것이다. 오히려 그것은 무기나, 다른 사람을 탓하기 위한 수단으로 쓰기 위해, 상대방에게 상기시키려는 목적으로 그 기억을 꺼내는 일을 계속하지 않겠다는 의지적인 결단이다. 이제 그것은 창조적인 망각이며, 그것이 바로 용서가 시사하는 바다. 믿음으로 우리는, 기억이 날 때조차도, 용서를 예수님의 충분성을 확증하는 기회로 삼을 수 있다. 부활 후에 예수님의 손과 발에 남은 흉터는 단순히 사람들이 행한 폭력의 흔적만이 아니라, 도마와 같이 확증을 구하며 의심하는 사람들이 믿을 수 있도록 하는 실체가 있는 표지였다. 바로 이것이 건설적으로 기억하는 것, 곧 모든 기억들을 하나님의 은혜를 확증하는 기회로 삼는 것이다.

빚의 **탕감**은 하나님이 우리의 죄에 대해서 행하신 일이다. 하나님은 우리에게 상환 기간을 연장해 주시거나 이자율을 낮추시거나 흥정을 하자고 하시는 것이 아니다. 하나님은 완전한 용서의 대가로 평생 동안 자신을 섬기라고 요구하지 않으신다. 그렇다면 그것은 새 언약의 용서가 아니라 조건부 용서, 계약적인 용서가 될 것이다. 마찬가지로, 우리도 배우자의 빚을 탕감해 주어야 한다. 이것은 상환도 없고, 정기적인 독촉도 없고, 흥정도 없다는 의미이다. 과거는 과거일 뿐이다. 우리는 배우자가 마치 죄를 짓지도 않았던 것처럼 그를 면제해 주어야 한다.

우리는 고백과 용서, 그 양자를 통해서 관계를 **존중**하는 것이다. 온전한 진실을 말함으로써 우리는 거절당할 위험을 감수한다. 그러나 또한 우리는 진정한 관계를 갖는 것이 형식적인 관계의 껍데기를 유지하는 것보다 더 중요하다는 것을 확신한다. 고백은 관계에 경의를 표하는 것이다. 용서도 마찬가지다. 심지어 배우자가 회개하기 이전이라도 그를 용서함으로써, 우리는 관계가 행위보다 더 중요하다는 것을 선언하는 것이다. 종종 용서는 회개를 이끌어 내며, 고백을 불러일으킨다.

회개하기 전에 용서하는 것에는 위험이 따르는데, 죄가 별로 중요한 문제가 아닌 듯 여기도록 할 수도 있다. 이것은 디트리히 본회퍼가 '값싼 은혜'라고 불렀던 것, 즉 어떤 사람이 자신의 생활 방식을 바꾸지 않고 계속 죄에 빠진 채 자신을 내버려 두는 은혜로 변질되어 버릴 수 있다. 값싼 은혜는 죄를 묵과하는 것으로 나타난다. 그것은 죄인들이 자기가 범죄자라는 것을 깨닫기도 전에 처벌을 면제해 주는 것이다. 반대로, 값비싼 은혜는 죄인들이 자신이 한 행위의 무게를 경험하게 한다. 때로 이것은 시간이 걸리는 일이다. 때로 이렇게 흘러간 시간과 용서하는 사람의 기다리는 사랑은 아주 중요한 깨달음을 하게 해 줄 것이다. 즉, 정말 무서운 것은 그 행위나 말이나 태도가 아니라, 관계에 일어난 일, 즉 언약을 공격한 일이라는 깨달음 말이다. 죄를 살아 계신 하나님과의 인격적 관계를 깨뜨린 것으로 이해한다는 점에서, 고대 세계에서 성경적 신앙은 독특한 것이었다. 결혼 관계에서 모든 형태의 죄에 대한 성경적 이해도 동일한 판단 기준을 취한다. 이것이 우리의 언약적인 관계에 어떤 일을 행하였는가 하는 것이다. 그러므로 값비싼 은혜는 아무 일도 일어나지 않은 듯이 가장하지 않는다. 그것은 죄인의 영혼에서 내적인 작용, 단순한 후회(정체가 폭로되었거나 혹독한 결과를 경험하는 것으로 인한 슬픈 감정)보다 더 심오한 작용이 일어나기를 기다린다. 완전한 용서는 회개하기 전까지는 주어질 수 없고, 회개는 우리가 우리의 행위와 태도를 하나님의 관점에서 바라볼 수 있게 해주는 성령의 열매이다. 그것은 죄를 너무나 미워해서 죄로부터 결정적으로 돌아서는 것이다. 용서는 바로 이 점에서 특별히 창조적인 행위가 된다.

새로운 미래를 **창조**하는 것은 용서의 일부분이다. 예수님은 간음하다 붙잡힌 여인에게 이렇게 말씀하셨다. "가서 다시는 죄를 범치 말라"(요 8:11). 용서는 죄를 묵과하는 것도, 비난하는 것도 아니다. 그것은, 십자가에서 그리스도가 완성하신 역사에 의지해서, 긍휼(compassion)을 나타내는 것이다. 우리는 상처를 입힌 사람과 **함께**(com-) 그 상처를 **느끼면서**(-passion), 그 상처의 고통을 짊어지고, 그것을 온전히 감당할 수 있는 유일한 분이신 예수님께 그것을 가져간다. 용서는 우리가 새로운 미래를 위해 건설적으로 나아갈 수 있도록 허락해 준다.

치유와 마찬가지로 용서도 시간이 필요하다. 그러나 고백이 없다면 그 은혜를 누리는 것은 거의 불가능하다. 루이스 스미디즈(Lewis Smedes)는 이렇게 말한다.

용서하는 것은 산을 15km 기어오른 후에 25kg짜리 짐을 내려놓는 것이다.

용서하는 것은 마라톤을 25km 뛴 후에 의자에 털썩 주저앉는 것이다.

용서하는 것은 죄수를 석방하고, 그 죄수가 당신이었음을 깨닫는 것이다.

용서하는 것은 당신의 상처받은 과거로 돌아가서 그것을 당신의 기억 속에서 재창조하여 다시 시작할 수 있게 되는 것이다.

용서하는 것은 하나님의 용서하시는 심장의 고동에 맞추어 춤을 추는 것이다.

그것은 가장 강한 사랑의 파도를 타는 것이다.

역사의 잔인한 부당함에서 우리가 벗어날 수 있는 유일한 길은, 미래의 창조적인 가능성을 향해 나아갈 수 있는 유일한 길은, 용서라는 기적이다.[1]

성만찬: 고백을 위한 창조적인 환경

나는 앞에서 고백과 결혼의 관계는 세례와 그리스도인의 삶의 관계와 같다고 말했다. 하지만 거기에는 중요한 차이가 있다. 세례는 단 한 번의 행위이지만, 고백은 하나님과 그리고 상대방과 단기적인 평가를 지속하기로 결심한 부부들이 계속 반복하는 행위이다. 그러므로 나는 결혼 생활에서 일종의 고백 훈련으로 이따금씩 부부 성만찬을 실천할 것을 권면한다. 원래 성만찬은 우리의 삶에서 하나님의 은혜를 깨닫게 하는 일상적인 매개체가 되어야 한다.

성만찬은 결혼 생활에 끊임없이 따라다니는 세 가지 죄악을 처리해 준다. 그것은 바리새주의, 소유욕 그리고 권력욕이다. 우리는 빵과 포도주를 통해 가시적으로 나타나는 은혜의 표지를 대하면서, 우리의 바리새주의를 버리지 않을 수 없다. 이것은 우리가 감히 그 앞에서 "내가 당신보다 낫다"라고 생각할 수 없게 만드는 식탁이다. 우리가 그리스도의 십자가 앞에 서는 그 땅은 완전히 평평하다. 또한 우리는 우리의 소유욕을 고백하고 버리지 않을 수 없다. 너무나 놀랍고도 거룩한 사랑이, 우리의 모든 것을 요구하는 사랑이, 우리 마음을 먼저 차지한다. 나의 하찮은 요구들, 배우자의 시간과 애정과 관심을 요구할 권리, 내 권리와 의로움에 대한 정당화는, 나 자신보다는 하나님의 권리를 인정하라고 요청하는 이 행위로 표현되는 비유 앞에서 모두 무색해져 버린다. 말 구유와 십자가를 통해서 자신을 드러내신 하나님은 의로움을 포함해서 자신이 요구하시는 모든 것을 주시기 때문이다. 성만찬은 또한 권력욕과 마주한다. 결혼이라는 친밀한 이해 관계에서조차 권력을 갖고자 하는 갈망이 십자가상에서 그리스도의 무력함을 보여 주는 극적인 비유와 부딪힌다. 우리는 공공연하게든 은밀하게든, 위계와 지배의 길을 선택한다. 하나님은 하향적인 길을 선택하셨다. 그분의 무력함의 열매를 먹고 마시면서, 우리들은 그분의 희생적인 사랑의 삶을 살 수 있는 권능을 부여받고, 다른 사람들을 압도하기보다는 그들에게 권능을 부여해야 함을 배운다. 그러므로 성만찬 예식의 대부분은 죄의 고백과 용서를 확신시켜 주는 말씀으로 채워지는 것이 적절하다. 성만찬의 식탁은 고백을 불러일으키고 용서를 베푸는 자리이다. 그러니 부부가 함께 감사를 드리기 위해 성만찬의 식탁으로 나아오는 것은 얼마나 좋은 일인가!

나는 영적 훈련에 대한 한 책에서 부부 성만찬, 또는 함께 떡을 떼는 일의 가치를 인정하는 내용을 읽었는데, 그런 저자가 한 사람이라도 있다는 사실에 크게 고무되었다. 몰튼 켈시(Morton Kelsey)는 이렇게 말한다. "아내와 나는 매일의 성만찬에서 우리 각자의 매우 다른 개인 기도 생활이 하나로 묶일 수 있고, 서로를 강화할 수 있다는 것을 발견하였다."[2] 그의 경우에 부부 성만찬은, 내면의 여정을 함께하는 어떤 소그룹이 매일 행하는 훈련의 일부였다. 많은 부부들은 그러한 그룹이나 몇몇 지역 교회가 제공하는 매일의 성만찬을 이용할 수 있을 것이다. 그러나 여기서 우리는 부부가 이따금씩 함께 떡을 떼는 것의 가능성을 탐구해 보려고 한다.

원래 성만찬은 단순한 식사가 아니라 **가족** 식사였다. 우리는 그것을 부엌의 식탁으로부터 거두어 성전 안으로 가져다 놓았고, 종교적인 의식이자 성직자가 주관하는 것으로 만들어 버렸다. 내가 생각하기에, 이렇게 함으로써 우리는 그것을 더 거룩하게 만든 것이 아니라 덜 거룩하게 만들었다. 결혼의 성례에서는 부부가 집전자이며, 성례를 행하기에 가장 좋은 장소는 제단 뒤가 아니라 부엌이나 침실이다! 가톨릭 저자인 이블린과 제임스 화이트헤드는 가정 성만찬의 가치를 암시적으로 표현했는데, 만일 그들이 적극적으로 그것을 제안했다면 가톨릭 전통이 무너질 수도 있었을 것이다.

기독교는 그들의 양심을 하나님의 말씀에 붙들어 매고, 자유케 하는 성경 연구에 모든 전통을 종속시켜 왔다고 주장한다. 그런데 왜 이 문제는 그렇게 하지 않는가?

성경은 이 성례를, 안수받은 사역자가 수행하거나 집전해야 한다거나, 예배 가운데 행해야 한다고 말하지 않는다. 성경이 말하는 것은, 우리가 그리스도의 몸에 대한, 즉 십자가에 달리신 그리스도의 몸에 대한, 그리고 우리 바로 옆에 있는 그리스도의 몸인 형제와 자매들에 대한 우리의 진정한 관계를 분별해야 하며, 그러지 않으면 "자기의 죄를 먹고 마시는 것"(고전 11:29)이 된다는 것이다. 믿음의 부부가, 혹은 믿음의 자녀들과 함께, 죄를 서로 고백하고 친밀하게 교제하면서, 감사로(*eucharisto*) 예수님을 기념하는 일을 익명의 군중 예배자들보다 더 잘 할 수 있을 것이다. 교회에서 우리는 서로 '교제 가운데' 있다고 할 수 있을 만큼 잘 알지도 못하는 사람들에게 떡과 포도주가 나누어지는 동안, 줄줄이 앉아서 서로의 뒤통수만 쳐다보고 있는 경우가 종종 있다.

함께 성찬을 누리는 것은, 고린도전서 11:17-26이나 마태복음 26:17-30을 간단히 읽고, 감사의 기도를 드리고, 떡과 잔을 나누는 것으로 할 수 있다. 이러한 일은 가정에서 강력한 은혜의 방편이 될 것이다.

용서를 축하하기

인간의 성에 대한 통찰력 있는 분석에서 장 바니에는, 용서는 다른 사람과의 언약을 표현하고 인정하는 것이라고 지적한다. 한 남자와 여자는 돌이킬 수 없이 서로에게 속하였기 때문에, 이제 그들은 자신의 모든 결점을 지닌 모습 그대로 매일 서로를 기꺼이 받아들이도록 부르심받았다. 언약 안에 있다는 것은 "모든 방해물들과 모든 공격적인 행동들이 상당 부분 내적인 고통과 번민, 두려움으로부터 나온다"는 것을 이해하게 된다는 의미이다.[3]

언약은 신성한 표지이고, 하나의 성상(icon)인 까닭에, 하나님은 용서의 행위 가운데서 부부들을 만나 주신다. 바니에는 결혼한 부부들의 삶은 "그들의 일치에 가해진 상처를 유일하게 치료할 수 있는 용서에 기초를 두고 있다"고 주장한다. "일치로 가는 길은 매일의 용서를 통과해야 한다. 또한 그 용서가 완전한 것이라는 증표로써 행하는 축하는, 애정에서 그리고 사랑의 연합에서 그 절정에 달한다. 이러한 영과 육의 사랑의 연합은 아직 남아 있을지도 모르는 모든 공격성과 장애물들을 제거하며, 두 사람을 한 몸, 한 마음, 한 영이 되게 한다." 그리고 나서 그는 가장 담대한 은유를 사용하여, 부부가 고백과 용서 가운데 성숙해질 때, 성교는 성찬 예배가 된다고 주장한다. "그 연합은 일치를 회복한 것을 감사하는 행위로서 성례전적인 것이 된다."[4]

고백과 용서의 은혜 가운데서 우리는 진정으로 "이것은 당신을 위한 내 몸입니다"라고 말할 수 있고, 우리에게 동일한 말씀을 하시는 그리스도의 음성을 들을 수 있다.

실천에 옮기기

나는 「영원한 결혼」에서, 십계명은 언약의 백성들을 위한 생활 양식을 진술한 것이라고 말했다. 그것은 또한 결혼의 언약 가운데 있는 사람들이 지켜야 할 의무에 대해 아주 탁월한 틀을 제시해 준다. 고백 훈련을 위해, 아래 요약된 묵상에서 각각의 진술들을 깊이 생각하고 숙고하면서 개인적으로 적용해 보라. 우리가 언약의 배우자에 대한 전적인 책임을 회피하기 위해 이용해 왔던 감정적이고 영적인 탈출구에 대해 생각해 보도록 하기 위해서 각 계명들에 대해 우리가 붙이기 쉬운 '수정 조항'을 덧붙여 두었다. 묵상을 끝내고 나서 당신의 결점과 죄를 먼저 하나님께 고백하라. 그 후에 적절한 때에 배우자에게 그것을 고백하라. 부부가 함께 성찬을 기념함으로써 서로 고백하고 용서한 것을 확증하기 원할지도 모른다.

십계명과 우리의 수정 조항

1. 너는 (하나님에 대한 충성 다음으로) 네 배우자에게 배타적인 충성을 할지니라. 그것이 온전한 사람이 되어야 할 너 자신에 대한 절대적인 의무와 충돌하지 않는다면.

2. 너는 네 배우자의 거짓 형상을 만들지 말고, 진실하고 정직할지니라. 네 배우자의 거짓된 형상이나 과거의 형상에 집착하는 것이 네가 그 관계를 위해 노력하지 않는 것을 정당화해 주는 것이 아니라면.

3. 너는 공적으로나 사적으로 배우자의 이름을 명예롭게 할지니라. 배우자가 너를 명예롭게 한다면.

4. 너는 배우자에게 시간과 휴식과 소중함을 부여할지니라. 그것이 다른 우선적인 일들과 상충하지 않는다면.

5. 네 부모와 배우자의 부모와 더불어 마땅히 화목할지니라. 그들이 합당치 않은 요구를 하지 않는다면.

6. 너는 증오와 파괴적인 분노와 절제되지 않은 감정으로 서로를 파괴하지 말지니라. 상대방이 그런 감정들을 격발시키지 않는다면.

7. 너는 성적으로 성실하고 성욕을 다스릴지니라. 성적 만족이라는 양도할 수 없는 권리가 언약의 배우자에 의해서 존중받지 못하는 경우가 아니라면.

8. 도적질하지 말고, 나아가 재산을 공유할지니라. 재산을 각자 소유하는 것이 서로 헤어졌을 때 너를 좀더 독립적으로 만들어

주는 것이 아니라면.

9. 오직 진실만을 말하라. 외도에 대한 진실을 말하는 것이 너의 결혼을 파괴하지 않을 것이라면.

10. 너는 다른 사람의 아내를 탐내지 말고, 네 배우자에 만족할지니라. 그러나 약간의 희롱은 성인의 놀이일 뿐이다.

선하신 주님, 이 수정 사항들로부터 **우리를 건지소서!**

주님의 언약적 의무를 지키도록, **우리를 구비시켜 주소서!**[5]

10

상호 복종 저주를 뒤집기

"결혼 생활 6년 동안, 우리는 영적인 관계를 개발하려고 시도했어요. 시작하고 얼마 안 되어 머뭇거리다가 포기해 버리곤 한 것이 몇 번이나 되죠. 근본적인 문제는 각자가 리더십을 이해하는 방식이었어요. 나는 가족의 모든 영적인 훈련을 시작하고 유지하는 것은 남편의 책임이라고 믿었고, 얼은 좀더 성경적인 관점을 가지고 있었어요. 나는 그의 생각을 잘 살피려 하지 않았고, 내가 기대하는 방식대로 영적 훈련을 하자고 했죠."

루이스는 얼에게 자신의 결혼 생활에 대해 이야기하는 동안, 그들의 영적인 친밀함에 결정적인 장애가 되었던 것은 근본적으로 **정치적인 것**이었음을 인식하게 되었다. 그녀는 '머리'가

된다는 것은 아내를 '책임진다'는 것이거나, 혹은 아내를 지배한다는 의미라고 믿었고, 남편에게 영적인 리더가 되어 줄 것을 요구했다. 하지만 교양 있고 강한 여성인 루이스는, 리더십에 대한 자신의 생각이 평등주의적 가치들과 위계 질서적 가설들이 서로 모순을 일으키며 뒤섞여 있는 상태라는 것을 인정했다. 영적 리더십에 대한 얼의 견해는 통치권보다는 **우선권**과 관련되어 있었다. 얼이 그녀가 원하는 방식대로 지도적인 역할을 담당하지 않았을 때, 그녀는 그의 리더십이 약하다고 오해했다. 하지만 그들은 상호 복종의 훈련을 발견했고, 마침내 새로운 조화를 찾게 되었다. 루이스는 그 과정을 이렇게 설명한다.

얼은 내 요구 사항에 저항하면서, 내 기대와 정반대로 행동했어요. 내가 "지역 교회에서 건설하는 튼튼한 결혼 관계"라는 코스를 통해 영적 리더십에 대한 성경적인 강조점들을 배우게 될 때까지 그 갈등은 계속되었죠. 그 때 나는, 그리스도와 그의 말씀으로 나 자신을 먹여야 한다는 것을 깨달았어요. 나 자신은 일손을 놓고 앉아 있으면서, 배우자에게는 "리더라면 마땅히 해야 할" 본을 보여 주지 않는다고 비난할 근거가 없더군요.

나는 나 자신의 영성과 하나님과의 관계에 대해서 하나님께 책임이 있어요. 이 사실은, 내 영적인 상태에 대해 스스로 책임을 지고, 곧장 하나님께로 돌아서서 용서와 힘 주심을 구하도록 나를 격려해 주었어요. 이제 나는, 때로는 아내가 주도권을 잡을 수 있다는 것을 알고, 남편만이 독특하게 기여할 수 있는 점에 대해 더 잘 인정할 수 있게 되었어요. 나는 남편의 영적인 상태가 어떻든 상관없이, 그를 위해 기도하고 섬길 수 있어요. 나는 남편의 영성을 내 영성과 절대로 비교하지 말아야 한다는 것을 깨닫고 있어요. 바리새주의는 독선을 낳을 뿐이고, 내면에서부터 그 사람의 인생을 부패시키지요.

영적 리더십에 대한 오해가 사라지자, 나는 영적인 우정에서 친밀함을 가로막는 몇 가지 장애물들과 맞설 준비를 좀더 잘 하게 되었어요. 마치 갓난아기처럼, 나는 얼을 소중히 여기는 방법, 이미 저질러진 잘못들에 대해 함께 이야기하되 간단히 마무리하는 방법을 새롭게 배워야 했죠. 우리가 상호 복종에 대해 배웠기 때문에 이러한 일이 가능한 거예요.

나는 이러한 사연을 반복해서 접한다. 영적 리더십을 잘못 이해하거나 **서로** 복종하지 않으면, 영적인 친밀함이 방해를 받는다. 그렇기 때문에 이것은 부부들에게 매우 중요한 훈련이다. 영적인 우정은 동등한 사람을 찾아내든지, 아니면 상대방을 나와 동등하게 만드는 것이다! 종속적인 사람이나 우월한 사람과는 깊은 교제를 나눌 수 없다. 그러면, 성경이 실제로 가르치고 있는 바는 무엇인가?

머리됨, 골칫거리 주제

결혼에서 머리됨에 대한 논쟁은 영성과 밀접한 관련이 있는데, 왜냐하면 그것은 그리스도 안에서 각각의 배우자가 처한 위치를 이해하는 방식, 또한 가정의 머리이신 그리스도가 부부를 인도하시는 방법에 영향을 미치기 때문이다. 내 견해로는, 남편이 가정의 영적인 권위를 가지고 아내는 남편의 영성에 의존한다는 개념의 머리됨은 비성경적이고 불건전하다. 그것은 참으로 결혼에 대한 범죄라고 할 수 있는데, 서로에 대해 제사장이 되고 그들의 가족에 대해 공동 제사장이 되는 특권을 남편과 아내 둘 다로부터 박탈하기 때문이다.

나는 내 책 「영원한 결혼」에서 성경적인 머리됨의 사상을 조심스럽게 전개했다. 여기서는 간략하게 요약해서 소개할 수밖에 없지만, 이 문제에 대해서 좀더 깊이 있는 연구를 원하는 사람은 그 책에서 "머리됨의 문제"라는 장을 지침으로 삼을 수 있을 것이다. "남편이 아내의 머리됨이 그리스도께서 교회의 머리됨과 같음이니"(엡 5:23)라는 말씀은, 남편의 통제, 권력, 의사 결정권, 주인됨 그리고 하나님께 아내와 자녀들에 대해 책임지는 것을 의미하는 것으로 **잘못** 이해되고 있다. 남편은 통제하고 아내는 따라간다면, 남편도 아내도 진정한 존재가 될 수 있는 자유를 얻지 못하는 까닭에 하나님의 마음은 무너진다. 하나님은 남편을, 남편은 아내를, 아내는 자녀를 다스린다는 위계 질서적인 견해는 아내와 자녀의 그리고 마찬가지로 (단지 본인들이 깨닫지 못할 수는 있지만) 남편들의 영적 건강에 헤아릴 수 없는 손상을 입혀 왔다. 아마도 남편들이 가장 큰 손상을 입을 것이다. 가정의 영적인 머리가 되어야 한다는 실제로는 불가능한 과업을 안고 있기 때문이다.

그러나 이렇게 명령 체계적인 머리됨은 다음과 같은 반작용을 낳았다. 많은 그리스도인들이 머리됨의 개념을 통째로 내던지고, 남편도 아니고 아내도 아닌 그냥 배우자가 되기를 원하는, 고유 역할이 없이 교대 가능한 결혼 파트너가 되어 버리는 것이다. 상호 복종을 강조하는 것은 옳지만, 머리됨의 원칙을 무시함으로써 결혼 생활에서 그 신비가 제거되어 버렸다. 그러나 결혼의 건강과 영적 건강을 함께 도모할 수 있는 성경적인 균형점은 있다. **이 성경적인 균형은 교회와 그리스도의 관계라는 신비를 삶으로 드러내는, 서로 동등한 배우자들의 언약 안에 있는 머리됨이다.**

동등한 배우자간의 언약 안에서 남편의 머리됨이란, 관계를 돌보고(사랑하고), 솔선하고, 보호하고, 필요한 것을 공급할 책임에서 우선됨을 의미한다. 부부들은 제각기 그들만의 방법으로 이것을 이루어 가야 한다. 나는 「영원한 결혼」에서 그리스도인의 결혼을, 구상과 결말은 주어져 있지만 배우들이 각자 자신의 대사를 창작해야 하는 드라마에 비유했다. 이것은, 남편과 아내의 역할에는 재현할 수 있는 일정한 공식이 없다는 의미다. 그것은 결코 정해진 배역이 아니고, 각각의 부부들이 그들만의 독특성과 소명에 따라서 신랑과 신부의 드라마, 그리스도와 교회의 드라마를 삶에서 구현하는 방법인 것이다.

상호 보완성이란 남편과 아내는 동등하지만 차이가 있다는 의미이다. 다르지만 하나이고, 하나이지만 여전히 각자 독특하며, 나아가 그들이 함께함으로 그 독특성이 더욱 분명해지는 관계이다. 이러한 독특성이 드러나는 한 가지 예는, 남편과 아내 모두가 자신만의 독특한 영성을 가지고 관계를 맺는 것이다. 남성과 여성 모두를 포함하는 만인 제사장직의 의미도 이와 마찬가지다(행 2:17-18; 벧전 2:9).

그리스도 안에서 남녀가 모두 제사장이라면, 남편이 결혼 생활이나 가족들의 유일한 제사장이 될 수는 없다. 남편을 결혼의 '영적 머리'라고 부르는 것은 비극적인 시대 착오적 사고이다.

결혼 생활에 관해 다루는 에베소서 5:21-33에서 중심 구절은 21절이다. "그리스도를 경외함으로 피차 복종하라." 남편이 사랑으로 하는 섬김과 아내가 보내는 존경은 단지 **각자**가 상대방에게 복종하는 특유한 방법일 뿐이다. 이것은 인류의 첫 번째 부부 이래로 이성 관계에 늘 붙어다니는 저주를 놀라운 방법으로 뒤집는다.

뒤집힌 저주

원래 에덴 동산에서 남자와 여자는 서로 협력하는 반려자였다(창 2:18-25). 창조 기사에는 불평등이나 종속 관계를 암시하는 부분이 전혀 없다. 그러나 그들이 죄를 지었을 때, 하나님은 그들에게 임할 결과에 대해 말씀해 주셨다. 하나님은 하와에게 "남편은 너를 다스릴 것이니라"(3:16)고 말씀하셨다. 또 "너는 남편을 사모하게 될 것이라"(3:16)고도 말씀하셨는데, 이것은 성적 매력을 느끼는 긍정적인 갈망을 의미하는 것이 아니라 주인을 전복시키고 싶어하는 부정적인 갈망을 의미하는 것이다.[1] 하나님이 이성 관계에서 지배와 반란을 원하시는 것은 **아니지만**, 그것은 하나님과 분리된 데 따르는 불가피한 결과이다. 그러나 그리스도 안에서, 남편은 아내를 **다스리는** 대신에 죽기까지 그녀를 **사랑한다**. 아내는 가정의 주인에 대항해서 반란을 일으키는 대신에, 그에게 아낌없는 존경을 퍼붓는다. 이것은 각 사람이 당연히 받을 만한 것이 아니다. 각 사람이 상대방에게 해야만 하는 의무는 더욱 아니다. 이것은 복음에 기초한 자유이며, 순전한 은혜이다. 왜냐하면, 한쪽 배우자가 상대방 앞에 자신의 의사와 기대를 내려놓고 조화를 이루는 것은 그리스도의 임재가 부부 관계에서 드러나는 표지이기 때문이다. 그리스도의 시대가 도래한 것이다.

그리스도인들이 갈보리의 은혜가 아니라 저주에 그 바탕을 두고 결혼 생활의 질서를 세우는 것은 너무나 비극적인 일이다. 하지만 분명 많은 신자들이 그렇게 하고 있다. 그들은 상호 복종의 은혜를 놓치고 영적인 친밀함을 약화시킨다. 그들은 결혼 생활 가운데 하나님께로 나아가는 한 가지 길을 지나치고 있다.

그리스도 안에서 결혼한 사람들

에베소서 5장의 결혼에 관한 부분을 이해하기 위한 열쇠는 그리스도에 대한 강조이다. 바울은 우리가 "그리스도를 경외함으로"(21절) 피차 복종한다고 말한다. 아내는 자기 남편에게 복종하기를 "주께 하듯"(22절) 하라는 요구를 받는다. 이러한 모든 관계들은—상호 복종, 섬기는 머리됨과 남편에 대한 복종—**그리스도 안에 있다. 그것은 역할이 아니라 영성의 표현이다.** 우리가 그리스도 안에서 함께 살아가는 삶은 단순히 상호 복종이나 남녀의 위계 질서에 기초를 두는 것이 아니라, 언약 안에 거하기로 결정하신 그리스도에 기초를 둔다.

디트리히 본회퍼는「나를 따르라」에서, 예수님을 따르는 사람들은 이제 더 이상 다른 사람들과 직접적이고 즉각적인 관계를 맺고 있지 않다는 것을 설명하면서 이 점의 중요성을 보여 준다.[2] 우리가 맺는 가장 직접적인 관계는 그리스도, 즉 하나님과 사람들, 사람과 사람 사이의 신성한 중재자이신 그리스도와 맺는 관계이다. 역설적이게도, 우리는 그리스도를 통해 갈 때 다른 사람들에게 더 가까이 다가갈 수 있다. 그분은 우리의 관계들을 통제와 추종이라는 세상적인 죄악으로부터 건져내시고, 우리를 자유케 하셔서 진정한 존재가 될 수 있게 하신다. 그리스도가 우리를 무조건적으로 받아주시는 까닭에, 우리의 적개심은 환대로 바뀔 수 있는 것이다.

그러나 에베소서 본문은 그리스도를 통해서 배우자를 사랑하는 것보다는, 배우자를 통해서 그리스도를 사랑하는 것을 더 강조하고 있다. 배우자를 인해서 그리고 배우자를 통하여 그리스도를 사랑할 때, 우리는 배우자로부터 받은 대접에 직접적으로 반응하기보다는, 우리의 관계 안에서 거리낌없이 그리스도께 반응하게 된다. 예를 들면, 남편은 원래 그 자체로 머리됨의 권위를 가지고 있지 않다. 두말 할 것도 없이, 머리됨은 그리스도로부터 오는 것이다. 그리고 아내는 남편을 존경할 자유를 가지고 있는데, 그것은 남편의 훌륭한 인격 때문이거나, 그녀의 인생에서 그가 하는 역할 때문이 아니라, 그가 **주 안에서** 그녀의 남편이기 때문이다.

상호 복종은 그것이 각 사람에게 권리를 포기하도록 요구하여 결혼 생활에서 정치적인 역학 관계를 제거해 버리기 때문이 아니라, 서로 복종하는 것이 "그리스도를 경외하는"(21절) 것이기 때문에 문제 해결의 열쇠가 된다. 우리는 함께하는 삶의 세세한 일들 가운데서 결혼의 중재자이신 그리스도를 예배한다. 우리는 비유적으로가 아니라, 문자적으로 그리스도 안에서 하나이다. 잭 도미니언(Jack Dominian)이, "순간 순간 가족들이 나누는 교류는, 그들이 서로의 안에 계신 그리스도께 말을 걸고 있는 것이라는 의미에서 기도가 된다는 사실이 인정되어야 한다"[3]고 말했을 때, 바로 이 점을 의미하는 것이다.

이것은 우리가 서로의 차이점들을 극복했을 때 특히 그러하다. 상호 복종은 저항을 중지하거나 단순히 추종하는 것이 아니다. 추종(compliance)은 고통스러운 상황에 적응하는 것이다. 일반적으로, 추종은 사람의 마음속에 분노의 파편을 남긴다. 그러나 복종(submission)은 적극적인 것이다. 그것은 자신을 다른 사람의 밑에 두는 것이며, 그 사람을 기꺼이 받아들이는 것이고, 그 사람만의 독특성에 적응하는 것이다.

우리의 차이점에 복종하기

상호 복종의 훈련은 롭과 수가 서로를 기꺼이 받아들이고, 그들의 차이점을 희석시키기기보다는 도리어 그들이 다르다는 것을 기뻐할 수 있도록 해주었다. 상호 복종의 훈련을 실천함으로써, 그들의 결혼 생활은 정치적인 다툼의 장이나 마음이 차갑게 식어 버린 냉전 상태가 아닌, 하나님께 드리는 매일의 기도가 되었다.

롭과 수는 둘 다 60세의 나이에 그리스도 안에서 새로운 삶을 찾았다. 롭은 65세에 있을 은퇴를 앞둔 과학 기술자였다. 수는 인생의 대부분을 가사와 네 자녀를 양육하는 데 보내 왔다. 아마도 빈 둥지 증후군(자녀들이 자라 집을 떠나는 시기에 부모들이 느끼는 허전한 심리—편집자 주)과 어쩔 수 없이 은퇴를 해야 하는 상황이 그들 두 사람으로 하여금 하나님의 실체를 좀더 갈망하도록 하는 자극이 되었을 것이다. 그 당시 그들은 침체된 교회에서 장로로 섬기고 있었다. 그러던 중에, 수가 갑자기 암에 걸렸다.

수는 힘든 수술을 견뎌 내고, 그녀가 만난 신실한 여성들의 치유 기도를 통해서 치유되었다. 그러나 수가 얻은 것은 건강의 회복만이 아니었다. 그녀는 이제 하나님과 매일매일 살아 있는 관계를 갖게 되었다. 그 즈음 롭과 수는 작지만 생기가 넘치는 교회에 들어가게 되었다. 수는 기도를 통해 새로운 자유를 찾았고, 때로는 자신이 다른 언어로 말하고 있음을 보게 되었다. 방언 기도는 그녀의 개인적인 경건 생활에 새로운 깊이를 가져다주었다. 그녀가 받은 치유는 신체적으로 아픈 사람들에 대한 여러 사역의 문들을 열어 주었고, 마침내 그녀는 내적 치유와 기도 상담에까지 사역을 확대하였다. 롭은 아내가 약간 '이상해졌다'고 생각하기 시작했지만, 그도 그녀와 똑같이 해야 하는 것이 아닌 한에서는 새로운 점들을 용납해 주었다.

롭은 수의 영성을 받아들일 수 있었지만, 수는 롭의 영성을 기꺼이 받아줄 수가 없었다. 그녀의 관점에서 보면 롭은 좀더 자유로워져야 할 완고한 스코틀랜드 사람이었다. 그는 지나치게 합리적이고, 지나치게 빈틈이 없고, 지나치게 분석적이고, 그녀가 하는 치유 기도 방식에 대해서는 지나치게 경험론적이었다. 그는 "어쨌든, 당신이 기도해 준 사람들 중에 치료되지 않은 경우가 대부분이지 않소?"라고 말했다. 수는 롭이 그들의 교회에 관심을 가지고 있는 사람들을 마치 꿀을 찾아가는 벌과 같다고 평가하고 있음을 알게 되었다. 수는 그들을 치유되고, 새로워지고, 구원받고, 안정된 사람들이라고 보았다. 하지만 롭은 그들을 일자리를 찾고, 안정을 원하고, 활동을 함께하고자 하는 사람들이라고 보았다.

불행히도, 롭과 수 두 사람 모두 그들이 얼마나 서로를 필요로 하는지를 깨닫지 못했다. 수는 롭이 가정에서 영적인 리더십을 갖고, 부부가 함께 아침 기도와 성경 읽기를 시작하기를 원했다. 지금은 자녀들도 떠나고, 핑곗거리도 없었다. 그러나 롭은 조간 신문에 더 관심이 많은 것처럼 보였다. 수는 자기가 롭에게서 얻는 것은 그의 영적인 삶의 부스러기가 전부이고, 그것도 많지는 않다고 느꼈다.

롭과 수의 이야기는 상호 복종의 중대한 부분을 보여 준다. 그것은 바로 **배우자의 영성을 기꺼이 받아들이는 것이다.** 결혼 생활에서 두 배우자의 영성이 이루는 순열과 조합은 사람들의 개성만큼이나 무한하고 다양한데, 왜냐하면 하나님은 각 사람을 독특한 존재로 지으셨기 때문이다. 두 사람이 결혼 전에 서로 얼마나 사랑하고, 잘 어울리고, 조화를 이루고, 잘 맞는다고 느꼈던지 간에, 그들은 상대방에게서 발견하게 되는 차이점들로 인해 충격을 받고, 때로는 동요하게 될 것이다.

- 한 사람이 다른 사람보다 아침에 좀더 영적으로 '생생할' 수 있다. 함께 기도할 시간을 찾아야 한다거나, 늦은 밤 상담 사역을 하는 것을 결정하는 문제가 있다면 이 점이 어떤 영향을 미칠런지 생각해 보라. 한 사람이 바짝 깨어 있는 동안 다른 사람은 반쯤 잠들어 있을지도 모르니까!

- 한 사람은 예수님이 물 위로 걸으라고 자신을 불러 주시기를 원했던 베드로와 같이 활동 지향적인 사람일 수 있다. 반면에 다른 사람은 무화과 나무 아래서 명상하고 있다가 예수님의 부르심을 받은 나다나엘과 같이, 좀더 사려 깊고, 직관적이며, 숙고하는 사람일지도 모르겠다. 이 사람들이 짝을 이루어 하게 될 사역의 장기적인 목표를 설정해 보라!
- 한 사람은 영적인 문제에 대해서 내향적이며 생각이 깊고 빈틈이 없는 반면에, 다른 사람은 표현이 풍부하고 거침없는 사람일 수도 있다. 후자는 전자에게 불을 지피고 싶어하고, 전자는 후자가 행동하기 전에 생각하기를 원한다.
- 한 사람은 가슴의 지배를 받고, 다른 사람은 머리의 지배를 받는다. 각 사람은 상대방이 어떤 일을 '적절한' 방식으로 처리하는 데 상대방이 방해가 된다고 생각할 수 있다.
- 한 사람은 계획을 세우고 미래 지향적이다. 다른 사람은 순간에 충실하게 살아가며, 계획을 세우는 것은 성령님의 인도하심을 제한한다고 믿는다.
- 한 사람은 인간 중심적이어서 마음이 맞는 신자들의 교제와 궁핍한 사람들을 돌보는 데서 가장 큰 영적 기쁨을 맛본다. 그러한 사람에게 고독은 전혀 매력이 없는 것이지만, 다른 사람은 혼자 있으면서 성장한다.
- 한 사람은 하나님 나라의 사역을 드러내는 방법으로 복음 전도가 최고라고 생각한다. 이런 사람에게는 증인이 되라는 말

을 할 필요가 없다. 그것은 식은 죽 먹기만큼이나 자연스러운 일이다. 그러나 다른 사람은 우리 사회의 사회적·정치적 구조와 같은 하나님 나라의 다른 일들을 우선적으로 해야만 할 것 같다고 생각한다.

• 한 사람은 방언과 통역, 예언과 지식의 말씀이 있는 카리스마적인 기도 모임에 가기를 좋아한다. 다른 사람은 이러한 것이, 가장 낮은 사람들, 가장 보잘것없는 사람들 그리고 잃어버린 자들을 사랑하는 정말로 중요한 일들로부터 벗어난 위험한 것이라고 느낀다.

가지각색의 영적인 은사들은, 배우자들을 포함해서 그리스도의 몸 도처에서 고르지 않은 모습으로 드러날 것이다. 상호 복종은, 무조건 서로 항복하는 것이 아니라 서로를 기꺼이 받아들이는 은혜이다. 그것은 배우자를 향해 "나는 있는 그대로의 당신을 기뻐합니다. 하나님이 당신을 통해서 하시는 일들을 좋아합니다. 당신이 하나님을 섬기는 방식을 좋아합니다. 그리고 나는 당신이 필요합니다"라고 말하는 것이다.

몇 년이 지난 후에, 수는 어느 날 롭을 있는 그대로 받아들이게 되었고, 그리스도인으로서 그의 독특한 은사를 기뻐하고 좋아하게 되었다고 내게 말해 주었다. 그녀는 이렇게 고백했다. "나는 가정의 영적 지도자가 되는 게 롭의 당연한 의무라고 생각했어요. 하지만 그에게 그렇게 요구하기를 그만두자, 지도자로서 내게 필요한 사람이 바로 그 사람 자체라는 것을 갑자기 깨닫게 되었어요." 그 때 롭이 말했다. "그렇게 되자, 나는 나 자신이 영적인 지도자라고 생각하지는 않았지만(지금도 여전히 그렇게 생각하지 않아요) 영적으로 나 자신을 수에게 드러내는 데 이전과는 다르게 거리낌이 없어졌어요. 그녀는 나보다 그리스도 안에서 더 진보해 있지만, 한편으로 보면 우리는 그냥 다를 뿐이지요. 적어도 우리는 지금 우리가 서로를 필요로 하고 있다는 것을 알고 있답니다."

상호 복종은 좋은 결혼 생활을 만드는 방법이 되기만 하는 것이 아니다. 그것은 하나님께 나아가는 길이다. 그것은 그리스도가 저주를 전복시키셨다는 것을 세상에 보여 주는 표지이다. 그것은 매일매일 함께 살아가는 삶에서 복음을 체험하게 해준다.

하얀 순교

게일과 내가 갈릴리 가나에 있는 결혼 교회를 방문했을 때, 우리는 그 곳에 상주하고 있는 이탈리아인 로마 가톨릭 사제 요셉 신부를 만났다. 우리는 결혼 25주년을 기념하고 있는 중이라고 이야기했다. 그는 "오, 세상에, 25년 동안의 순교라니!"라고 말했다. 우리는 막 결혼 50주년을 지낸 게일의 부모님 이야기를 했다. "오, 세상에", 그는 다시 한 번 기가 막히다는 듯, "50년 동안의 순교라니요!"라고 말했다. 우리는 그의 말이 옳다는 것을 인정하면서, 함께 떠들썩하게 웃었다. 결혼에는 죽음과 삶이 함께 스며 있는데, 그것은 십자가와 부활이 영원히 결합되어 있는 것과 같다. 결혼한 사람들은 자신을 잃어버리지만 상대방 안에서 자기 자신을 발견함으로써, 문자 그대로 신체적·정서적·영적으로 서로에게 매장된다. 이렇게 서로 장사되고 부활하는 가운데 몸도 영혼도 모두 자기 짝을 갖게 된다.

이렇게 하기를 거부하고, 결혼을 하고도 독신처럼 살거나 아니면 끝까지 결혼하지 않는 사람들도 있다. 동방 정교회는 항상 결혼을 즐거운 순교의 길로 이해해 왔다. 그들의 결혼 예식에서는, 신부와 신랑이 나뭇잎과 꽃, 아니면 귀금속으로 만든 면류관을 받는다. 그 면류관은 기쁨의 면류관이기도 하지만, 어떤 진정한 결혼도 자기 희생과 영적인 고난이 없이는 이루어질 수 없는 까닭에 순교의 면류관이기도 하다.

7세기 켈트족의 교훈 중에는 여러 형태의 순교에 대한 심오한 성찰이 있다. 붉은 순교는 그리스도를 위하여 폭력적인 죽임을 당함으로 생명을 잃는 것이다. 초록 순교는 금욕의 길인데, 일종의 살아 있는 죽음으로서 사람의 육체적인 욕망을 부정하는 것이다. 이 책의 목적에 가장 가까운 순교는 셋째 형태의 것이다. 셋째로, 하얀 순교는 그리스도에 대한 사랑을 그것과 경합하는 다른 모든 사랑들보다 우위에 두는 길이다.[4]

여기서 제시한 열 가지 부부 훈련들은 우리의 배우자를 통하여, 그리고 그들과 나란히, 하나님을 더욱 사랑하기 위한 방법일 뿐이다. 다행히도, 그것은 또한 우리의 배우자를 더 깊이 사랑하도록 이끌어 준다. 그 모든 세속성과 일상성 가운데에서, 결혼은 하나님께로 가는 주요 고속도로이지, 우회로가 결코 아니다. 그것은 우리가 자아에 대해 죽음으로써 그것을 통해 다시 살게 되는 것이다.

당신과 당신의 사랑하는 사람이 함께 순교의 면류관을 성공적으로 쓰게 되기를!

실천에 옮기기

다음에 나오는 목록은 많은 부부들이 서로 복종하는 데 어려움을 겪는 영역들이나, 복종하는 게 아니라 명령에 추종하고 있을 뿐인 영역들을 확인하는 데 도움을 준다. 현재 당신의 결혼 생활 가운데서, 다음 각각의 영역들에서 결정을 내리는 것은 보통 누구의 책임이라고 생각하는가? 당신의 경우에 맞는 방식에 표시하면서 질문에 답해 보라. 남편과 아내가 다른 색으로 표시하라.

이제, 당신의 결혼 생활에서 현재 결정을 내리고 있는 방식이 어떠한지 돌아보고 그것을 적어 보라. 그리고 당신이 생각하기에 결혼 생활에서 결정은 이런 방식으로 **내려야만 한다**고 생각되는 것에 X표를 하라.

현재 하고 있는 방식과 당위적인 방식이 일치하지 않는 영역들은 논의를 해야 할 중요한 문제들이다. 그러나 논의를 한 후에는, 변화를 원하는 부분에 대해 기도하는 것이 좋을 것이

	거의 언제나 남편		공동으로		거의 언제나 아내	적용되지 않음
a. 어디에서 살 것인가	1	2	3	4	5	☐
b. 남편이 무슨 직업을 가질 것인가	1	2	3	4	5	☐
c. 남편이 몇 시간을 일할 것인가	1	2	3	4	5	☐
d. 아내가 일을 할 것인가 말 것인가	1	2	3	4	5	☐
e. 아내가 무슨 직업을 가질 것인가	1	2	3	4	5	☐
f. 아내가 몇 시간을 일할 것인가	1	2	3	4	5	☐
g. 자녀의 수	1	2	3	4	5	☐
h. 언제 자녀를 칭찬하거나 벌할 것인가	1	2	3	4	5	☐
i. 자녀들과 얼마나 많은 시간을 함께 보내는가	1	2	3	4	5	☐
j. 언제 친구들과 사교적인 교제를 가질 것인가	1	2	3	4	5	☐
k. 언제 친척이나 배우자의 가족과 사교적인 교제를 가질 것인가	1	2	3	4	5	☐
l. 언제 부부 관계를 할 것인가	1	2	3	4	5	☐
m. 부부 관계를 어떻게 할 것인가	1	2	3	4	5	☐
n. 언제, 어떻게 개인적인 관심사를 추구할 것인가	1	2	3	4	5	☐
o. 돈을 어떻게 사용할 것인가	1	2	3	4	5	☐
p. 교회에 갈 것인가, 간다면 어느 교회에 출석할 것인가[9]	1	2	3	4	5	☐

다. 상호 복종의 훈련은 의사를 결정하는 중요한 두 사람이 거의 불가능할 정도의 수준으로 서로에게 자기를 내어줄 것을 요구한다. 의지라는 요새는 사랑의 공격을 받아야 한다. 그 사람은 배우자의 사랑만이 아니라, 우리의 궁극적인 연인의 사랑이기도 하다. 그러므로 이것은 단순히 결혼 생활에서 의사를 결정하는 기술이 아니라, 하나님께 나아가는 인생 행로인 것이다. 그것은 내적인 변화를 구하는 기도이다. 상호 복종은, 우리가 그것을 경험하고 있는 한, 하나님이 이미 우리를 알고 계신다는 표시이다. 그것은 관계를 나타내는 표지이며 경탄할 만한 일이고, 우리가 이미 하나님의 은혜를 입고 있다는 증거다. 마이크 메이슨이 결혼의 영성에 대한 그의 고전적인 책(「결혼의 신비」-편집자 주)에서 말한 것처럼, 결혼은 "순결의 서약과 훈련이 정절의 서약과 훈련이 되고, 빈곤의 서약이 한 사람의 인생과 소유 전체를 무조건적으로 공유하는 것으로 변형되며, 부동성의 서약이 어떤 장소나 종교 단체가 아닌 특정한 한 사람에게 적용되며, 순종의 서약이 공동체 안에서가 아니라 협력 관계 안에서, 윗사람에게가 아니라 동역자에게 실천되는 수도 생활이다."[6]

주

1) Paul Tournier, *To Understand Each Other*(Atlanta: John Knox Press, 1968), p. 20. 「서로를 이해하기 위하여」(IVP).
2) *Married For Good*(Downers Grove, Ill.: InterVarsity Press, 1986)에서 나는 남편의 우선권을 가정하기는 하지만 법칙으로서의 머리됨은 부정하는 '머리됨'의 모델을 변호하였다.
3) Henri Nouwen, *Reaching Out: The Three Movements of the Spiritual Life*(Garden City, N.Y.: Doubleday, 1975), p. 72. 「영적 발돋움」(두란노).
4) 이 세 가지 차원들은 Kenneth Leech의 책에 요약되어 있다. *Soul Friend: The Practice of Christian Spirituality*(San Francisco: Harper and Row, 1977), p. 123.
5) William Law, *A Serious Call to a Devout and Holy Life* (London: Epworth Press, 1961; first published, 1728), p. 8.

6) Dolores Leckey, *The Ordinary Way: A Family Spirituality* (New York: Crossroads, 1982), p. 17.
7) 영성에 대한 나의 실제적인 정의는, 우리 삶의 전체적인 측면에서 하나님의 은혜에 대한 반응으로 그리스도를 통하여 하나님과의 관계를 의도적으로 발전시키는 것이다. 이 정의에서 각 단어들은 다음과 같이 결혼 영성의 필요들을 나타내고 있다. **의도적**(영성은 하나님의 인도하심 아래 살고자 하는 분명하고도 반복적이며 지속적인 결단이 요구된다), **발전**(영성은 수년에 걸친 계속적인 과정이다), **관계**(영성의 핵심은 그리스도 안에서 새 언약을 통하여 하나님께 속하는 것이다), **반응**(결혼 생활에서 우리가 하나님을 찾는 것보다 하나님이 우리를 더 찾으신다), **은혜**(영성은 인간의 영혼이 독수리처럼 하나님을 향해 올라가는 것이 아니라, 하나님의 영이 우리 삶의 현실 속으로 우리를 만나기 위해 비둘기처럼 은혜롭게 내려오시는 것이다), **전체적인 측면**(영성은 직업, 인간 관계, 일, 가정, 여가, 공동체, 사회 정의를 포괄하는 것이다), **삶**[왜냐하면 하나님의 목적은 우리를 종교적인 사람으로 만드는 것이 아니라 이 땅에서의 삶 전체에서 그의 영광을 찬미하는 삶을 살도록 우리에게 능력을 주시는 것이기 때문이다(엡 1:6, 12, 14)].
8) Morton T. Kelsey, *Companions on the Inner Way* (New York: Crossroads, 1985), p. xii.

제1장 기도: 특별한 친밀함을 나누기

1) Gene O'Brien and Judith Tate O'Brien, *Couples Praying: A Special Intimacy* (New York: Paulist Press, 1986), p. 93.
2) 같은 책, p. 13.
3) Richard F. Lovelace, *Dynamics of Spiritual Life* (Downers Grove, Ill.: InterVarsity Press, 1979), p. 88.
4) 같은 책, p. 90.

5) 이 책에 나오는 대부분의 개인적인 예화들처럼 (나 자신의 결혼 생활 이야기는 제외하고) 이 이야기도 여러 사람들의 이야기를 눈치채지 못하게 잘 배합한 것이다.

6) Tertullian, "Ad Uxorem", quoted in Kenneth Stevenson, *Nuptial Blessing: A Study in Christian Marriage Rites*(New York: Oxford University Press, 1983), p. 17.

7) Lovelace, *Dynamics of Spiritual Life*, p. 159.

8) 같은 책, p. 160에서 인용.

9) O'Brien, *Couples Praying*, p. 14.

10) Lovelace, *Dynamics of Spiritual Life*, p. 155.

11) Jack Dominian은 사라의 다섯 번의 결혼은 첫날밤을 성공적으로 치르지 못한 데서 비롯된 것이라는 재미있는 추정을 하는데, 그것은 현대 상담학자들이 성행위에 대한 불안증이라는 것으로 이해하는 증세이다. 이 추정이 사실이라면, 토비아의 기도에 나타난 것과 같은 사려 깊은 배려와 부드러움이 그녀로 하여금 자신의 문제를 극복하고 그와의 첫날밤을 성공적으로 치를 수 있게 한 요인일 것이다.

제2장 대화: 귀기울여 마음을 듣기

1) Tilden Edwards, *Spiritual Friend*(New York: Paulist Press, 1980), p. 48; Leckey, Ordinary Way, p. 30에서 인용.

2) Aelred of Rievaulx, *Spiritual Friendship, trans. Mary Eugenia Laker*(Kalamazoo, Mich.: Cistercian Publications, 1974), p. 63.

3) 같은 책, p. 115.

4) 같은 책, p. 76.

5) 이 질문들은 두 가지 다른 목록을 기초로 각색한 것이다. 어떤 것은 Roberta Hestenes가 Fuller 신학교에서 가르친 과목에서 제공받은 것이고, 다른 것들은 Francis Vanderwall, *Spiritual Direction*(New

York: Paulist Press, 1981), p. 74에서 유래한 것이다.

제3장 안식: 함께 하는 천국 놀이

1) Lynn M. Foerster, "Spiritual Practices and Marital Adjustment in Lay Church Members and Graduate Theology Students"(Ph.D. dissertation, Graduate School of Psychology, Fuller Theological Seminary, Pasadena, California, 1984). 247명의 평신도들을 대상으로 한 잘 구성된 설문 조사를 토대로, 그녀는 결혼 생활에서 높은 만족도를 경험하는 정도와 이 책의 주제인 부부 공동 영성 생활의 실천이라는 두 가지 항목에 대해 평가하였다. 그녀가 측정한 부부 공동 영성 생활에 해당되는 구체적인 측면들은, 그 중요도의 순서에 따라, 배우자와의 기도, 배우자와 기도할 때 하나님의 임재 체험, 기도할 때 배우자와의 하나됨 체험, 은둔의 시간이나 "세상과 분리되어 혼자 있는" 시간을 가짐, 교회 예배 중에 하나님의 임재 체험 등이다. 그녀는, 적어도 젊고 아직 아이가 없는 부부들 사이에서, 부부가 함께 하는 영성 훈련과 결혼 적응도 사이의 높은 상관성을 발견하였다.

2) Leckey, *Ordinary Way*, p. 17.

3) Henri Nouwen, *The Genesee Diary: Report from a Trappist Monastery*(Garden City, N. Y.: Image Books, 1976), p. 41. 「제네시 일기」 (성바오로).

4) Madeleine L'Engle, *Walking On Water: Reflections on Faith and Art*(New York: Bantam, 1980), p. 98.

5) Hugo Rahner, *Man at Play*(New York: Herder and Herder, 1972)를 보라.

6) Michael Quoist, *Prayers*(Fairway, Kans.: Andrews and McMeel, 1974), p. 98.

제4장 피정: 고독을 공유하기

1) Nouwen, *Genesee Diary*, p. 48.

제5장 공부: 함께 하나님의 말씀을 듣기

1) McCheyne's Calendar for Daily Reading을 The Banner of Truth Trust, P. O. Box 621, Carlisle, PA 17013, U. S. A.를 통해서 얻을 수 있을 것이다[한국에서 출간된 자료로는 「성경 이렇게 읽읍시다」(부흥과개혁사)를 참고하라—편집자 주].

제6장 섬김: 사역에 있어서의 온전한 파트너십

1) Aelred, *Spiritual Friendship*, p. 63.
2) 또한 Kenneth C. Russell, "Marriage and the contemplative Life", *Spiritual Life* 24, no. 1(Spring 1978): pp. 48-57를 보라.
3) Janet Morley, "In God's Image?" *New Blackfriars* 63, no. 747 (1982): p. 375에서 인용; Kenneth Leech, *Experiencing God: Theology as Spirituality*(San Francisco: Harper and Row, 1985), p. 374에서 인용.
4) 이것에 관해서는 Bruce Waltke, "The Relationship of the Sexes in the Bible", *Crux* 19, no. 3 (September 1983): pp. 10-16를 보라.
5) 예를 들면, Donald and Inge Broverman, "Sex Stereotypes and Clinical Judgments of Mental Health", *Journal of Consulting and Clinical Psychology* 34 (1970): pp. 1-7.
6) Søren Kierkegaard, *Sickness unto Death*(Garden City, N.Y.: Doubleday, 1954), p. 183. 「죽음에 이르는 병」(범우사).
7) Nouwen, *Genesee Diary*, p. 80.
8) 같은 책, p. 81.
9) Nor Hall, "Feminine Spirituality", in *Westminster Dictionary of Christian Spirituality*, ed. Gordon S. Wakefield(Philadelphia:

Westminster Press, 1983), pp. 148-150.
10) Harriet Ziegler, "Female View Important to Theology", in *Canvas*, no. 9, World Council of Churches Sixth Assembly, Vancouver, Canada, August 4, 1983, p. 1.
11) Hall, "Feminine Spirituality", p. 149.
12) 이방인, 노예, 또는 여자로 만들어지지 않은 것에 대해 하나님께 감사하는 유대인 남자들의 기도에 대한 재미있는 랍비들의 논의가 Rabbi Hayim Haley Donin, *To Pray As a Jews: A Guide to the Prayer Book and the Synagogue Service*(New York: Basic Books, 1980), pp. 196-197에 나와 있다. 그의 주장의 한 부분을 인용하면 다음과 같다.

어떤 사람들은 이 축복을 열등한 상태에 대한 마지못한 체념이나 자신의 운명을 그대로 받아들이는 것으로 해석한다. 그러나 현대의 주도적인 탈무드 학자인 랍비 Aaron Soloveitchik은 이것을 남자보다 여자가 본성적으로 탁월하다는 것을 확인해 주는 축복으로 본다. 인간이 연민과 자비라는 신적 특성을 성취하는 것이 하나님의 바람이라고 그는 말한다. 여자는 선천적으로 남자보다 완전한 수준에 더 가깝다. 여자는 자비와 연민의 은사를 부여받았다. 하나님 자신이 '라훔'(*Rahum*), 즉 자비로운 자로 명명되고 있지 않은가? 그리고 자궁(무엇보다도 여자를 남자와 구별해 주고 여자의 본질을 상징하는 신체의 한 부분)을 나타내는 히브리어 단어인 '레헴'(*rehem*)이 연민을 나타내는 말과 같은 형태이지 않은가? 그러므로 여자는 "그의 뜻대로" 조성되었다고 자랑스럽게 주장할 수 있다.

반면에, 남자는 그러한 주장을 할 수 없다. 비록 땅을 정복하고 다스릴 수 있는 힘과 능력의 은사를 부여받았지만, 남자는 영적인 이상을 실현할 수 있는 본성적 특성이 부족하다. 남자는 여자보다 더 원초적인 본성에서부터 시작한다. 그러므로 좀더 정련될 필요가 있다.

'미츠봇'(mitzvot)을, 사람의 영혼을 정화하고 그의 인격을 완전하게 하는 수단으로 볼 수 있으므로, 남자는 이상을 향해 가야 할 길이 더 멀기 때문에 더 많은 '미츠봇'을 가져야 한다.

13) Leech, *Experiencing God*, pp. 350-378를 보라.
14) 같은 책, pp. 353, 366.
15) Jean Vanier, *Man and Woman He Made Them*(Toronto: Anglican Book Centre, 1985), p. 57.
16) 고린도전서 11장은 긴급한 문제를 다룬다. 즉 성적인 구별성, 즉 우리가 말하는 성적인 영성을 유지하는 것. 바울이 고린도에 보낸 편지에서 다루고 있는 문제는 그리스도 안에서의 여성 해방의 혁명적인 영향력과 관계가 있다. 회당의 끝자리에서 침묵하고 있었던 유대인 여성들이 전면으로 나섰다. 이제 그들은 모임에서 기도하고 예언한다. 그러나 이 자유를 지나치게 남용하는 일부 여성들이 교회에 올 때 베일을 벗어 버렸다. 문화적으로 볼 때, 당시에 베일은 오늘날의 중동 지방에서와 마찬가지로 남편에 대한 복종의 표시이고, 여성됨의 표시이며, 여자들에게는 정숙하고 온전한 차림과 관련이 있었다. 만약 여성들이 베일을 쓰지 않으면 그것은 교회를 공적인 스캔들의 대상으로 만들어 버리는 것이었다. 오늘날 그것은 남성과 여성이 교회에 올 때 결혼 반지를 빼 버리는 것과 같은데, 그것은 실질적으로, "그리스도 안에서는 남자나 여자가 없으며…우리가 마치 결혼하지 않은 것과 같다"고 말하는 것과 같은 것이다.

바울은 자유의 남용을 다루기 위해서 조심스럽고 잘 정리된 논증을 제시한다. 이 구절은 오늘날 현대의 성적 혼란에 직면해 있는 우리를 향해 중요한 언급을 하고 있다. 그리스도 안에서는 수용이라는 측면에서는 남자나 여자의 구별이 없지만—마치 유대인이나 헬라인, 종이나 자유자의 구별이 없는 것처럼—그러나 그리스도 안에서는 우리

사회가 생각하는 것 이상으로 남자는 더욱 남자다워지고 여자는 더욱 여자다워진다.

만약 바울이 일반적으로 남자가 여자보다 우월하다고 말하고 싶었다면 고린도전서 11:3에서 그렇게 말할 수 있었을 것이다. 아니면 적어도 여러 그룹들을 그 순위에 따라 배열했을 것이다. 하나님은 그리스도의 머리이고, 그리스도는 남자의 머리이며, 남자는 여자의 머리이다—마치 명령 체계처럼. 그러나 바울은 여기서 서열 구조에 따라 나열하는 대신에 **관계를 비교**하고 있는 것이다. 그러므로 그가 여기서 사용하는 **머리**라는 단어는 '지배자' 또는 '대장'이라기보다는 '원천'을 의미하는 것이다. 나중에 바울은 하나님이 하와를 아담으로부터 창조하셨을 때 어떻게 남자가 여자의 원천이 되었는지에 대해서 말한다. 하나님은 성부로부터 생겨 나온 그리스도의 원천이며, 이것은 그리스도가 하나님 안에서 남자의 생명의 원천이라는 것과 같으며, 또한 남자가 여자의 원천이라는 것과 같은 맥락이다.

급진적인 기독교 여성주의자들은 머리됨을 부정하는데 그것은 너무나 많은 기독교인 남자들이 머리됨을 지배의 개념으로 해석해 왔기 때문이다. 비록 남자들은 아내들이 기꺼이 복종한다고 생각하지만 실제로는 단순히 명령에 순응했을 뿐이었다. 그 결과 종종 아내들 안에서 분노가 들끓었던 것이다. 그러나 머리됨은 아름다운 것이다. 그것은 하나님의 세상에, 심지어는 하나님 자신 안에도 질서가 있다는 것을 의미하는 것이다. 예수님이 성부와 동등하지 않다고 말하는 것은 이단적이지만, 예수님에 대한 성부의 어떤 종류의 우선권, 동등함을 내포한 우선권이 있는 것이다. 머리됨은 불평등이나 열등함과는 관계가 없는 것이다. 그것은 동등한 관계 안에서의 우선 순위와 관계된 것이며, 바울이 에베소서 5장에서 발전시키고 있는 대로 보호하고, 양육하고, 사랑하고 희생하는 일에서의 우선 순위를 말하는 것이다. 양성 동일시와 서열적 구조만이 유일한 선택안은 아니다—남성과 여성의 전적인 상호 의존과 동반 관계로 여겨져야 한다.

Kathleen M. Galvin과 Bernard J. Brommel은 남성과 여성 모두가 그들의 행동에서 남성성과 여성성을 동시에 확보하는—지배하면서도 복종하며, 능동적이면서도 수동적이며, 강인하면서도 부드러운—상호 보완적인 양성 일체를 지향하는 현대 심리학의 흐름을 대표한다. [*Family Communication: Cohesion and Change* (London: Scott, Foresman and Co., 1986), pp. 104-105.] 그들은 양성 일체적인 결혼 배우자들이 그들의 배우자를 더 잘 이해하고 있다는 것을 증명하는 상당한 분량의 문서들을 인용하는데, 그 이유는 그들이 성적인 고정관념을 유지하려고 하기보다는 의사소통 행위에 더욱 집중하기 때문이라는 것이다. John A. Sanford 는 온건한 양성일체적인 견해를 취한다. [*The Invisible Partners: How the Male and Female in Each of Us Affects Our Relationships* (New York: Paulist Press, 1980)] Phyllis Trible은 좀더 급진적인 견해를 취한다. [*God and the Rhetoric of Sexuality* (Philadelphia: Fortress Press, 1978)].

17) Vanier, *Man and Woman*, p. 54.

제7장 성적 금욕: 아무도 원하지 않는 훈련

1) *Ketuboth* 5. 6-7 in Herbert Danby, *The Mishnah: Translated from the Hebrew with Introduction and Brief Explanatory Notes* (Oxford: Oxford University Press, 1933), p. 252.

2) Gordon Fee, *The First Epistle to the Corinthians*(Grand Rapids, Mich.: Eerdmans, 1988), pp. 266-283.

3) Pope John Paul II, *Apostolic Exhortation of His Holiness: The Role of the Christian Family in the Modern World*(St. Paul Editions, 1981), pp. 29-30.

4) Fee, *The First Epistle to the Corinthians*, p. 280.

5) Vanier, *Man and Woman*, pp. 127-128.
6) Evelyn Eaton Whitehead and James D. Whitehead, *Marrying Well: Possibilities in Christian Marriage Today*(Garden City, N.Y.: Doubleday, 1981), p. 13.
7) Russell, "Marriage and the Contemplative Life", pp. 48-57를 보라.

제8장 순종: 함께 하나님의 뜻을 행하기
1) 이 이야기는 R. Paul Stevens, *Liberating the Laity: Equipping All the Saints for Ministry*(Downers Grove, Ill.: InterVarsity Press, 1985)의 제1장에 나와 있다.「참으로 해방된 평신도」(IVP).
2) 꼭 그렇지는 않은 주목할 만한 예외들도 몇몇 있다.

제9장 고백: 그리고 용서라는 수술
1) Lewis Smedes, "Forgiveness: The Power to Change the Past", *Christianity Today* 27, no. 1(7 January 1983): pp. 22-26.
2) Kelsey, *Companions on the Inner Way*, p. 112.
3) Vanier, *Man and Woman*, pp. 127-128.
4) 같은 책.
5) Paul Stevens, *Married for Good: The Lost Art of Staying Happily Married*(Downers Grove, Ill.: InterVarsity Press, 1986), p. 87.

제10장 상호 복종: 저주를 뒤집기
1) 욕망(desire)을 나타내는 똑같은 히브리어 단어가 창세기 4:7에서 가인을 사로잡은 부정적인 죄의 욕망을 나타내는 데도 사용되었다.
2) Dietrich Bonhoeffer, *The Cost of Discipleship*(London: SCM Press, 1959), p. 85.「나를 따르라」(대한기독교서회).
3) Dominian, Marriage, *Faith and Love*, p. 262.

4) J. Ryan, *Irish Monasticism*(London, 1931), p. 197.
5) 이 질문들은 The Counselling Group of Burnaby Christian Fellowship, Burnaby, B. C.에서 사용되는 "Marital Pre-Counselling Inventory"에서 찾아볼 수 있다.
6) Mike Mason, *The Mystery of Marriage*(Portland: Multnomah, 1985), pp. 142-143. 「결혼의 신비」(진흥).

옮긴이 강선규는 연세대 사회학과와 서울대 교육학과 대학원(교육사회학)을 졸업하였으며 시카고 트리니티 신학교에서 기독교사상(MA)을 공부하였다. 역서로는 「사회정의와 제자도」, 「어린이 성경 핸드북」(이상 두란노), 「섹스에 관한 일곱 가지 거짓말」(IVP) 등이 있다.

영혼의 친구, 부부

초판 발행 2003년 4월 16일
초판 13쇄 2021년 2월 10일

지은이 폴 스티븐스
옮긴이 강선규
펴낸이 정모세

펴낸곳 한국기독학생회출판부
등록번호 제313-2001-198호(1978.6.1)
주소 04031 서울시 마포구 동교로 156-10
대표 전화 (02)337-2257 팩스 (02)337-2258
영업 전화 (02)338-2282 팩스 080-915-1515
홈페이지 http://www.ivp.co.kr 이메일 ivp@ivp.co.kr
ISBN 978-89-328-1343-1

ⓒ 한국기독학생회출판부 2003

책값은 뒤표지에 있습니다.
무단 전재와 복제를 금합니다.